benefíci

scais no

comérci

xterior

bèneficì

no scais

comèrciò

exteriör

T

Tributação e benefícios fiscais no comércio exterior ✱ *Gilvan Brogini*

EDITORA IBPEX *Curitiba, 2008*

Wilson Picler, diretor-presidente

Lindsay Azambuja, editor-chefe

Adriane Ianzen, editor-assistente

Jerusa Piccolo, editor-assistente

Silvia Kasprzak, análise de informação

Dorian Cristiane Gerke, revisão de texto

Denis Kaio Tanaami, capa

Raphael Bernadelli, projeto gráfico

Mauro Bruno Pinto, diagramação

Danielle Scholtz, iconografia

Conselho editorial

Ivo José Both, Dr. (presidente)

Elena Godoy, Dr.ª

José Raimundo Facion, Dr.

Sérgio Roberto Lopes, Dr.

Ulf G. Baranow, Dr.

EDITORA IBPEX

Rua Tobias de Macedo Junior . 319
Santo Inácio . 82010-340
Curitiba . PR . Brasil

B866t

Brogini, Gilvan
    Tributação e benefícios fiscais no comércio exterior / Gilvan Brogini. – Curitiba: Ibpex, 2008.
    220 p.: il.

ISBN 978-85-7838-014-4

1. Imposto de importação – Brasil. 2. Imposto de exportação – Brasil. 3. Direito tributário I. Título.

CDD 382.70981
20. ed.

Informamos que é de inteira responsabilidade do autor a emissão de conceitos.

Nenhuma parte desta publicação poderá ser reproduzida por qualquer meio ou forma sem a prévia autorização da Editora Ibpex.

A violação dos direitos autorais é crime estabelecido na Lei nº 9.610/98 e punido pelo Artigo 184 do Código Penal.

Esta obra é utilizada como material didático nos cursos oferecidos pelo Grupo Uninter.

gostaria de agradecer imensamente a Alecsandra Carla Ferreira, cujo auxílio na pesquisa e na revisão do texto foi fundamental para que esta obra pudesse ser concluída.

Apresentação

O tema *tributação*, reconhece-se, não é um assunto que traz satisfação para a imensa maioria das pessoas, sobretudo quando se observa o crescente – e constante – aumento da carga tributária, que insiste em causar empecilhos para o desenvolvimento do país. No entanto, se o tema pode não ser do agrado de muitos, é inegável que, para todos, é de fundamental importância: seja pelo simples fato de que interessa saber quando o Estado pode tributar, seja porque, no mínimo, é preciso saber quanto se deve pagar de imposto. Os tributos, como também é sabido, atingem as mais variadas situações do dia-a-dia da sociedade. E, com o comércio exterior, não poderia ser diferente: tributa-se tanto a importação quanto a exportação.

Se a tributação é a regra, a concessão de benefícios fiscais, verdadeiros "prêmios", passa a ser a exceção. Ora, se já se identifica o interesse quanto ao primeiro tema, com muito mais razão se volta a atenção para o estudo do segundo. Com efeito, conhecer os benefícios fiscais existentes na legislação significa descobrir alternativas para minimizar os efeitos da tributação. Dessa forma, tem-se neles uma importante fonte de planejamento que pode representar o sucesso de determinada atividade ou, no mínimo, impedir a derrocada de outra.

O presente livro busca analisar ambas as situações: a tributação e os benefícios fiscais. Volta-se, exclusivamente, para o estudo desses temas quando relacionados com as atividades de comércio exterior. Para tanto, no primeiro capítulo, apresentam-se noções gerais a respeito desses dois importantes temas. Nesse sentido, trata-se inicialmente do conceito de tributo e das características de uma norma tributária. Depois, cuida-se da definição de benefícios fiscais e da análise de suas principais espécies. Por fim, abordam-se questões relativas à competência para criar tributos e conceder benefícios fiscais e às fontes de localização de ambos.

O segundo capítulo dedica-se a analisar a tributação no comércio exterior, ou seja, os tributos que incidem sobre as operações de importação e exportação. O foco volta-se para os tributos de importação, uma vez que a tributação nas operações de exportação é menor. Para cada tributo analisado, busca-se apresentar suas características essenciais.

O terceiro e o quarto capítulo voltam-se para um estudo mais aprofundado sobre os diferentes benefícios fiscais relativos às operações de importação e de exportação. No capítulo terceiro, apresentam-se os benefícios fiscais que não se restringem a determinado setor da economia ou à determinada região geográfica. No quarto, ao contrário, analisam-se aqueles que possuem natureza restrita, visto que se voltam para setores e/ou regiões específicos.

Por fim, um breve esclarecimento: o leitor observará insistentes menções a textos de lei, pois essa foi a fonte principal usada para o desenvolvimento desta obra. De outra forma, preferiu-se uma análise pautada no que as normas estabelecem a uma análise centrada nas discussões teóricas de estudiosos da matéria. Isso não significa, porém, que as obras de doutrina foram relegadas a um quinto plano. Ao contrário, elas continuam a ser o principal complemento para a interpretação das complexas regras que tanto estabelecem tributos quanto concedem benefícios fiscais.

Sumário

1 *Noções sobre tributação e benefícios fiscais, 13*

1.1 Noções sobre tributação, 15 ✻ **1.2** Noções sobre benefícios fiscais, 25 ✻ **1.3** Competência para tributar e para conceder benefícios fiscais, 40 ✻ **1.4** Fontes dos tributos e dos benefícios fiscais, 45

2 *Tributação no comércio exterior, 49*

2.1 Imposto de Importação, 51 ✻ **2.2** Imposto sobre Produtos Industrializados, 57 ✻ **2.3** PIS/Pasep Importação e Cofins Importação, 61 ✻ **2.4** Outros tributos federais na importação, 65 ✻ **2.5** Imposto sobre Circulação de Mercadorias e Serviços, 71 ✻ **2.6** Outras barreiras tarifárias na importação, 74 ✻ **2.7** Imposto de Exportação, 77

3 *Benefícios fiscais de âmbito geral no comércio exterior, 83*

3.1 Benefícios decorrentes de acordos regionais de comércio, 85 ✳ **3.2** Regimes aduaneiros especiais, 87 ✳ **3.3** Incentivos financeiros à exportação, 137

4 *Benefícios fiscais de âmbito restrito no comércio exterior, 145*

4.1 Isenções e reduções de tributos no Regulamento Aduaneiro, 147 ✳ **4.2** Ex-Tarifário do Imposto de Importação, 151 ✳ **4.3** Regimes aduaneiros especiais aplicados em setores específicos, 155 ✳ **4.4** Regimes aduaneiros especiais aplicados em áreas específicas, 179 ✳ **4.5** Transferência entre regimes aduaneiros especiais, 188

Lista de siglas, 191
Referências por capítulo, 195
Referências gerais, 199
Apêndice, 218

Noções sobre tributa e bene

Você

sobre

tributa

e bene

1

*Noções sobre tributação
e benefícios fiscais*

O propósito deste capítulo, dividido em duas partes, é fazer uma breve introdução sobre questões gerais de tributação e sobre benefícios fiscais, buscando-se, assim, apresentar alguns elementos essenciais para o desenvolvimento desta obra.

1.1 Noções sobre tributação

Inicia-se, neste item, a discussão a respeito do fenômeno da tributação. Faz-se, aqui, uma pequena introdução sobre o conceito de tributo, sobre suas espécies e, mais especificamente, sobre as características de uma norma tributária. Saliente-se, desde já, que a norma tributária é bastante relevante, na medida em que muitas das questões que serão vistas em matéria de benefícios fiscais encontram nela seu fundamento.

1.1.1 Definição e espécies de tributos

Conforme os termos do Código Tributário Nacional (CTN), encontrado na Lei nº 5.172/1966:

> [...]
> Art. 3º Tributo é toda prestação pecuniária compulsória, em moeda ou cujo valor nela se possa exprimir, que não constitua sanção de ato ilícito, instituída em lei e cobrada mediante atividade administrativa plenamente vinculada.
> [...]

Entre as principais características dos tributos, pode-se citar, em primeiro lugar, o fato de que há uma prestação pecuniária, pois se trata de uma obrigação de recolher aos cofres públicos determinado valor em dinheiro. Evidentemente, se há obrigação de um lado é porque existe um direito de outro: no caso, o direito do Poder Público de exigir o cumprimento dessa obrigação. Em segundo lugar, tal prestação é compulsória, ou seja, as pessoas não pagam tributos por vontade própria ou com base em um acordo, mas porque isso é imposto por lei.

Além disso, o tributo não é uma penalidade que o Poder Público impõe ao contribuinte por conta de determinada ilicitude. Ao contrário, seu pagamento deve decorrer de um evento lícito previsto em lei. A questão da instituição legal do tributo é outro aspecto importante. De fato, como dispõe a Constituição, "ninguém será obrigado a fazer ou deixar de fazer alguma coisa senão em virtude da lei" (art. 5º, II). Com os tributos, não poderia ser diferente: somente poderão ser exigidos se, antes, tiverem uma previsão legal.[1]

Além de suas características, cabe também destacar as espécies de tributos. Quando se fala em espécies, logo se pensa no fenômeno das classificações. No caso aqui em questão, além de uma preocupação de ordem didática ou doutrinária, existe uma preocupação prática para essa distinção: o fato de que cada espécie de tributo tem, por lei, uma sistemática distinta. De acordo com a Constituição, os tributos podem ser divididos em cinco espécies: impostos, taxas, contribuições de melhoria, empréstimos compulsórios e contribuições sociais.

O imposto é uma modalidade de tributo que tem por hipótese de incidência* um fato qualquer que não diga respeito a uma atuação específica do Poder Público, ou seja, para que seja instituído e cobrado, não é necessário oferecer uma contrapartida específica para o contribuinte (como uma obra ou um serviço público qualquer). Assim, enquanto o contribuinte tem para com o Estado o dever específico de recolher o tributo, o Estado não tem nenhum dever para

No próximo item, serão vistos detalhes a respeito dessa expressão.

com o contribuinte.² Os exemplos contidos na Constituição abrangem os impostos sobre o comércio exterior, sobre o patrimônio e a renda, e sobre a produção e a circulação.

A taxa, ao contrário do imposto, é uma obrigação que decorre da realização de uma atividade estatal que esteja especificamente relacionada ao contribuinte, mesmo que ele não a requeira ou a considere desvantajosa. Em outras palavras, é preciso que o Estado faça algo em favor do contribuinte para poder exigir dele essa espécie de tributo.³ De acordo com a Constituição, somente dois fatos podem fazer incidir a taxa: a prestação de serviço público e o exercício do poder de polícia. No primeiro caso, o Poder Público põe à disposição de alguém determinado serviço (exemplo: taxa de iluminação pública); no segundo, regula a prática de ato ou a abstenção de fato, em razão de interesse público maior, limitando ou disciplinando direito, interesse ou liberdade (exemplo: taxa de alvará ou de inspeção sanitária).

A contribuição de melhoria, por sua vez, é um tipo de tributo que surge a partir do momento em que o Estado, por meio de uma obra pública, provoca uma valorização imobiliária, ou seja, faz aumentar o valor de mercado de imóveis localizados nas proximidades. Dessa maneira, qualquer obra pública que provoque essa valorização autoriza a cobrança de contribuição de melhoria.⁴ Por exemplo, se um município construir uma nova linha de metrô, valorizando, assim, os imóveis situados nas imediações, poderá cobrar dos seus proprietários a contribuição de melhoria.

Já o empréstimo compulsório, previsto no art. 148 da Constituição, somente pode ser instituído em casos específicos, como se vê a seguir:

[...]

Art. 148. A União, mediante lei complementar, poderá instituir empréstimos compulsórios:

I – para atender a despesas extraordinárias, decorrentes de calamidade pública, de guerra externa ou sua iminência;

II – no caso de investimento público de caráter urgente e de relevante interesse nacional, observado o disposto no art. 150, III, "b".

[...]

A Constituição determina ainda que a aplicação dos recursos provenientes desse tributo seja vinculada à despesa que fundamentou sua instituição. Um exemplo de empréstimo compulsório é o Cide-Combustíveis, um tributo incidente sobre consumo de combustíveis criado no final dos anos 1980 pelo Governo Sarney.

Por fim, a última espécie de tributo são as chamadas *contribuições sociais*, que, por força da Constituição, dividem-se em:

a) contribuição de intervenção no domínio econômico;
b) contribuição de interesse de categorias profissionais ou econômicas;
c) contribuições de seguridade social.

Incluem-se ainda na categoria de contribuições sociais os chamados *impostos extraordinários*, que podem ser instituídos pela União na iminência ou no caso de guerra externa.

Cada espécie de tributo mencionada acima está prevista em uma norma – a chamada *norma tributária* –, que nada mais é do que uma descrição contida na lei. Em regra, toda norma tributária é composta de duas partes: a hipótese de incidência e a conseqüência jurídica. Ambas se complementam, de tal sorte que somente haverá conseqüência jurídica se a hipótese de incidência se confirmar.

A hipótese de incidência é a descrição normativa de um fato, ou seja, é uma formulação hipotética, prévia e genérica de um acontecimento que, uma vez ocorrido no mundo real, gerará a conseqüência. Esta, por sua vez, está relacionada à obrigação de recolher um tributo, confundindo-se, portanto, com a obrigação tributária.

Tome-se como exemplo o Imposto Predial e Territorial Urbano (IPTU), que incide sobre propriedades localizadas no perímetro urbano de uma cidade. Pode-se dizer, *grosso modo*, que sua hipótese de incidência é "possuir um imóvel na cidade". Note-se que se trata de uma simples previsão ou descrição. Ocorrido o fato, ou seja, se alguém passar a possuir um terreno na cidade, essa hipótese se concretiza no mundo real. A concretização da hipótese de incidência, por meio da ocorrência do fato nela descrito, gera a conseqüência jurídica. Em outras palavras, faz surgir a obrigação tributária de recolher o IPTU.

Em resumo, tem-se que:

a) a hipótese de incidência é possuir um terreno na cidade;

b) a conseqüência jurídica é a obrigação de recolher o IPTU.

Essa descrição bastante singela é válida para todos os tributos, incluindo, portanto, os que incidem sobre as operações de comércio exterior (importação e exportação).

1.1.2 *Hipótese de incidência*

Como se mencionou anteriormente, refere-se à descrição hipotética de um fato. Concretizado o fato ou, como se costuma dizer, ocorrido o fato gerador, tem-se a conseqüência jurídica, que nada mais é do que o surgimento da obrigação tributária. Pois bem, ao descrever esse fato, o legislador também cuida das propriedades que julga importantes para caracterizá-lo. Essa descrição, portanto, permite que se extraiam critérios para identificá-lo. Verificada a presença de todos eles, tem-se caracterizada a hipótese de incidência de um tributo. Esses critérios são assim divididos*:

a) critério material;
b) critério espacial;
c) critério temporal.

No critério material, há referência a determinado comportamento que, quase sempre, está condicionado por circunstâncias de tempo e espaço (justamente os outros dois critérios mencionados acima). Desvinculando-o dos demais, tem-se que designa sempre o próprio comportamento das pessoas.[5] Assim, está sempre ligado a um verbo, seguido de seu complemento. Como exemplo, relembre-se o caso do IPTU: o critério material da hipótese de incidência abrange o verbo *possuir* e seu complemento *imóvel*. Observe-se que não se fala "vender um imóvel" nem "possuir um automóvel". Esses comportamentos podem ser critérios materiais de outros tributos, mas nunca do IPTU.

* *Seguem-se, aqui, os ensinamentos de Carvalho (2007), contidos em seu* Curso de direito tributário.

Como já se fez alusão acima, o comportamento que identifica o critério material da hipótese de incidência está condicionado por circunstâncias de tempo e espaço. Evidentemente, seria mesmo um absurdo imaginar uma ação que se realiza independentemente de um lugar e um tempo qualquer. A condicionante do comportamento (critério material) que se refere ao lugar de ocorrência do fato é o critério espacial. Registre-se, de antemão, que nem sempre o legislador o descreve com minúcias, ou seja, em muitos casos, está apenas implícito.

Em síntese, o critério espacial da hipótese de incidência diz respeito ao local em que o fato deve ocorrer para que possa produzir efeito.[6] Voltando-se ao exemplo do IPTU, pode-se perfeitamente dizer que o critério espacial da hipótese de incidência é a cidade. Assim, é preciso que alguém possua um imóvel (critério material) na cidade (critério espacial). Veja-se que, em decorrência disso, possuir um imóvel na zona rural já não é mais hipótese de incidência do IPTU.

A outra condicionante refere-se ao marco temporal que delimita a ocorrência do fato. Trata-se do critério temporal da hipótese de incidência, que, do mesmo modo que o espacial, nem sempre é explícito na norma. Mesmo que isso ocorra, é evidente que existem certas indicações que permitem saber em que preciso instante deve-se considerar como ocorrido o fato que dará ensejo à obrigação de recolher o tributo.[7]

Pensando-se no exemplo do IPTU, pode-se dizer que o critério temporal relaciona-se com o momento em que o imóvel está apto à moradia ou ao exercício da atividade a que se destina. Assim, se o imóvel considerado é uma casa, delimita-se no tempo a hipótese de incidência a partir do momento em que é edificada e está pronta para servir de moradia.

Em resumo, tem-se, no caso do IPTU, a seguinte hipótese de incidência: possuir um terreno (critério material) que está apto à moradia ou ao exercício de outra atividade (critério temporal) na cidade ou zona urbana (critério espacial).

1.1.3 *Conseqüência jurídica*

Mencionou-se anteriormente que a hipótese de incidência é uma descrição hipotética, feita pelo legislador, de um fato que, se ocorrido, dará origem à obrigação de recolher determinado tributo (conseqüência jurídica). A conseqüência jurídica é, portanto, a parte da norma que fornece os dados para a identificação do vínculo jurídico em si, ou seja, os critérios que permitem reconhecer tanto os sujeitos da relação jurídica (critério pessoal da norma tributária) quanto o próprio objeto dessa relação (critério quantitativo da norma).

O critério pessoal é a descrição, direta ou indireta, que permite a definição de quem deve pagar o tributo e em favor de quem deve ser feito o pagamento. Esses são justamente os pólos da relação jurídica: aquele que deve pagar é considerado o sujeito passivo; aquele em nome de quem se faz o pagamento ou recolhimento do tributo é, portanto, o sujeito ativo.

Seguindo-se no mesmo exemplo do IPTU, tem-se que o sujeito passivo é quem pratica o comportamento descrito na hipótese (no caso, possuir um imóvel na cidade apto ao exercício da atividade inerente a ele). Então, esse sujeito é o proprietário, não importando se é pessoa física (uma mulher, por exemplo) ou jurídica (como é o caso de uma empresa). Já o sujeito passivo será, nesse exemplo, o próprio município onde se localiza o imóvel. Assim, o proprietário de um imóvel localizado em Ribeirão Preto deve pagar a esse município o IPTU correspondente.

O critério quantitativo trata do objeto da prestação, estabelecendo os elementos para sua precisa identificação, ou seja, para a definição do valor pecuniário devido pelo sujeito passivo ao ativo. Esses elementos são a base de cálculo e a alíquota. A base de cálculo é a grandeza inserida na norma que visa a servir de parâmetro para o cálculo do valor do tributo e a alíquota é a grandeza numérica, normalmente expressa em termos percentuais, que definirá o *quantum* do tributo, de acordo com a base de cálculo. Tanto a alíquota quanto a base de cálculo são definidas pelo legislador na norma tributária.

Continuando no exemplo do IPTU, a base de cálculo é o valor do imóvel definido pela prefeitura (valor venal). Já a alíquota quase sempre é variável, em função de inúmeros fatores, tais como ocupação (habitado ou não), destinação, tamanho etc. Para fins de ilustração, imagine-se uma alíquota de 2%. Assim, se aquele imóvel de Ribeirão Preto tiver um valor venal de R$ 70 mil, o valor do IPTU devido pelo proprietário (sujeito passivo) ao município (sujeito ativo) será de R$ 1.400,00 (70.000 x 2%).

O quadro a seguir apresenta um resumo sobre os dois aspectos da norma tributária (hipótese de incidência e conseqüência jurídica).

Quadro 1.1 *Estrutura da norma tributária*

Norma	Critérios	Elementos	Significado	Exemplo
Hipótese de incidência (descrição do comportamento)	Material	Verbo	A ação, o núcleo do comportamento	Possuir
		Complemento	Objeto da ação	Imóvel
	Espacial	—	Local de ocorrência do fato	Zona urbana
	Temporal	—	Momento de ocorrência do fato	Apto ao exercício de atividade
Conseqüência jurídica (descrição da relação jurídica)	Pessoal	Sujeito passivo	Aquele que deve pagar o tributo	Proprietário
		Sujeito ativo	Aquele para quem se deve pagar o tributo	Município
	Quantitativo	Base de cálculo	Parâmetro para o cálculo do tributo	Valor venal do imóvel
		Alíquota	Grandeza que define o valor do tributo	2%

1.2 Noções sobre benefícios fiscais

Neste item, são apresentadas noções fundamentais sobre benefícios fiscais, assunto central deste livro. Inicialmente, expõe-se uma definição para essa expressão, destacando-se, a partir daí, os principais benefícios tributários (imunidades tributárias, isenções, redução de base de cálculo, redução de alíquota, deduções tributárias e atribuição de créditos presumidos) e demais benefícios fiscais (subsídios, diferimento, depreciação acelerada, remissão e devolução).

1.2.1 Definição de benefícios fiscais

Este livro tem como objetivo apresentar as diferentes espécies de benefícios que, de forma direta ou indireta, acabam por configurar situações economicamente vantajosas. Toma-se aqui o termo benefício na acepção mais abrangente possível, de tal modo que inclua tanto as vantagens decorrentes de redução de carga tributária quanto de outras políticas de estímulo ou incentivo a atividades econômicas variadas.

Ressalte-se que não se tem a pretensão de propor uma classificação que possibilite o enquadramento de todas as situações que representam benefícios fiscais. A esquematização adotada tem a única finalidade de apresentar de forma mais didática os institutos envolvidos, facilitando sua compreensão.

O universo dos benefícios fiscais (gênero), no mundo real, não é estanque como a classificação que ora se propõe, ou seja, há inúmeras normas que mesclam benefícios tributários com outros tipos de benefícios fiscais, sem possibilitar um enquadramento nesta ou naquela categoria. Além disso, alguns tipos de benefícios acabam abrangendo características de outros (os subsídios, por exemplo), como se fossem benefícios mistos. O importante é observar o campo de atuação dos benefícios, como ocorre neste livro, em que o foco se volta para aqueles relacionados com o comércio exterior.

Reconhece-se, desta feita, que há inúmeras formas de analisar essa questão. Seguem-se, neste trabalho, basicamente os raciocínios de dois autores: Sacha Coêlho[8], com base em quem se analisam as situações em que ocorre redução de carga tributária (exoneração tributária, para usar a expressão do autor), e Marcos Catão[9], com base em quem se observa que os benefícios (ou incentivos, na terminologia do autor) podem atingir tanto a receita quanto a despesa pública.

A rigor, a análise feita por Sacha Coêlho é mais restrita, posto que se resume às questões tributárias, ao passo que a de Marcos Catão, por tratar de questões fiscais*, permite uma visão mais abrangente. Busca-se observar ambas, dando-se, porém, maior ênfase ao primeiro autor. Serão abordados primeiramente os benefícios tributários (sob a ótica de Sacha Coêlho) e, depois, os demais benefícios fiscais (sob a ótica de Marcos Catão), os quais incidem ora sobre a receita ora sobre a despesa pública. É importante mencionar que esses dois autores não têm visões antagônicas sobre o assunto. Assim, pode-se considerar benefício fiscal o somatório dos benefícios tributários e dos demais benefícios fiscais.

* *Esclareça-se que o direito tributário decorre do direito financeiro, cuja função é regular a atividade financeira do Estado, disciplinando as receitas, as despesas, o crédito e o orçamento públicos.*

1.2.2 *Benefícios tributários*

Como se afirmou acima, os benefícios tributários são espécies do gênero benefícios fiscais. Por representarem os tipos mais importantes de benefícios, é natural que se lhes dê destaque neste capítulo. Esses benefícios atingem a receita pública do Estado, na medida em que, ao concedê-los, o ente público abre exceções que beneficiam algumas categorias de contribuintes.

Esclareça-se, novamente, que toda norma tributária* tem uma hipótese e uma conseqüência. Isso significa dizer que ela traz certas situações hipotéticas que, uma vez verificadas no mundo real, geram como conseqüência a obrigação tributária. Por exemplo, o fato "importar mercadoria estrangeira" é a hipótese que, uma vez verificada no mundo real (ou seja, alguém efetivamente realiza a importação), gera a obrigação de pagar o imposto de importação.

Portanto, tem-se, de um lado, a chamada hipótese de incidência da norma, que contempla os mais variados fatos que devem (ou não) gerar tributação se e quando ocorrerem – também conhecidos como fatos geradores – e, de outro, a conseqüência jurídica da norma, que descreve o dever decorrente do fato descrito, o que abrange questões como quem deve pagar o tributo e quando, como, onde, a quem e quanto deve pagar.

Essa introdução é importante porque, como se verificará adiante, existem situações de benefícios tributários que se referem tanto à hipótese de incidência quanto à conseqüência jurídica. Nos dois casos, o legislador estabelece verdadeiras exceções à regra. No que se refere às hipóteses de incidência, o legislador pode qualificar ou desqualificar os fatos previstos nelas, passando a considerá-los não-tributáveis. Por exemplo, do fato "industrializar produto" (hipótese de incidência) surge a conseqüência de recolher o IPI. No entanto, se esse produto for destinado ao exterior, o fato se torna não-tributável, por

* Deve-se entender aqui tal expressão não como o simples texto de uma lei, mas sim como "a integração de várias leis ou artigos de lei que tratam, ao nível do Direito Positivo, de fatos que devem (ou não devem) dar origem, quando ocorrentes, a obrigações tributárias" (Coêlho, 2003, p. 202).

força de decisão do próprio legislador, que modifica o fato juridicamente tributável abrindo essa exceção.

No que se refere à conseqüência jurídica, o legislador modifica apenas as condições para o cumprimento do dever tributário, que nasce da ocorrência do fato descrito na hipótese de incidência. Dessa forma, criam-se exceções quanto a quem deve pagar, quando, como e onde deve fazer o pagamento e, especialmente, quanto ao montante devido. Por exemplo, quando o Poder Público reduz a alíquota do Imposto de Importação sobre determinado produto, está abrindo uma exceção para o recolhimento integral desse tributo.

Feitas essas considerações, pode-se concluir que a regra sempre será: ocorrido o fato descrito na norma tributária (hipótese de incidência), deve-se pagar o tributo correspondente (conseqüência jurídica). As exceções a essa regra são determinadas por dispositivos legais que ora modificam a hipótese de incidência, ora alteram as condições envolvidas no cumprimento da obrigação de pagar determinado tributo.

Quando ocorre a modificação da hipótese de incidência, pela previsão de fatos juridicamente não-tributáveis, têm-se as chamadas imunidades e isenções tributárias. As primeiras são aquelas previstas na própria Constituição, ao passo que as segundas são criadas por meio de qualquer lei infraconstitucional. Quando há alteração da conseqüência jurídica, têm-se benefícios como redução de base de cálculo, redução de alíquota, dedução tributária de despesas presumidas e concessão de créditos presumidos, entre outros.[10] A seguir, são feitas considerações sobre cada um deles.

1.2.2.1 *Imunidades tributárias*

Conforme visto acima, a imunidade tributária é um fenômeno de natureza constitucional que tem seu âmbito de ocorrência nas hipóteses de incidência da norma tributária. A Constituição distribui as competências ou poderes de criação de tributos para a União, os estados e os municípios. No entanto, define também as situações em que esses entes públicos não estão autorizados a criá-los. Ou seja, a competência tributária se traduz numa autorização ou legitimação para a criação de tributos (aspecto positivo) e, ao mesmo tempo, num limite para fazê-lo (aspecto negativo). As imunidades tributárias representam exatamente esse limite que, em última instância, beneficia pessoas.[11]

Pelo fato de estarem na Constituição*, as imunidades têm eficácia plena e aplicabilidade imediata, pois produzem todos os seus efeitos independentemente de norma infraconstitucional complementar (como decretos, portarias, instruções normativas etc.). Elas são uma garantia fundamental assegurada ao contribuinte, a qual não pode ser anulada por lei ou por qualquer autoridade – que, se o faz, pratica ato inconstitucional. Portanto, só a lei pode criar tributos, mas nem a lei pode violar imunidades tributárias.[12]

A expressão imunidade tributária é usada em duas acepções, uma ampla e outra restrita. A acepção ampla refere-se à incompetência da pessoa política para tributar. A restrita diz respeito às normas constitucionais, que, de modo expresso, declaram ser vedado às pessoas políticas tributar determinadas pessoas, quer pela sua natureza jurídica, quer pelo tipo de atividade que desempenham, quer, finalmente, porque

* *Para ver a Constituição Federal de 1988 na íntegra, acessar o site: <http://www.planalto.gov.br/ccivil_03 Constituicao/ Constitui%C3% A7ao.htm>.*

estão coligadas a determinados fatos, bens ou situações. O importante, porém, é que ambas as acepções deixam a entender que as imunidades atingem quaisquer tributos, sejam eles impostos, taxas ou contribuições de melhoria, ainda que estejam mais diretamente relacionadas com os primeiros.[13]

Há imunidades das mais variadas ordens e abrangências, mas, em muitos casos, não guardam relação alguma com operações de comércio exterior. Dessa maneira, serão feitas menções às imunidades em geral e, se for o caso, às que acarretem benefícios em matéria de importação ou exportação. Todas elas estão, como se tem insistido, previstas em diversos dispositivos constitucionais, analisados a seguir.

Inicialmente, comente-se a imunidade geral do art. 150, VI, da Constituição:

> [...]
> Art. 150. Sem prejuízo ou outras garantias asseguradas ao contribuinte, é vedado à União, aos Estados, ao Distrito Federal e aos Municípios:
> [...]
> VI – instituir impostos sobre: a) patrimônio, renda ou serviços, uns dos outros; b) templos de qualquer culto; c) patrimônio, renda ou serviços dos partidos políticos, inclusive suas fundações, das entidades sindicais dos trabalhadores, das instituições de educação e de assistência social, sem fins lucrativos, atendidos os requisitos da lei; d) livros, jornais, periódicos e o papel destinado a sua impressão.
> [...]

Dentre as várias hipóteses elencadas, tem especial relevância para os propósitos deste livro a imunidade contida na letra d: são livres de impostos "os livros, jornais e periódicos e o papel destinado a sua impressão". Nota-se que a Constituição, com isso, pretende garantir a liberdade de comunicação e de pensamento, além de facilitar a difusão da cultura e da educação. Por conta dessa imunidade específica, sobre a importação de livros, jornais, periódicos e papel de imprensa não recai o Imposto de Importação, o ICMS e o IPI; sobre sua exportação, o Imposto sobre a Exportação, o ICMS e o IPI e sobre sua comercialização dentro do país, o IPI e o ICMS.[14]

Para fins de imunidade, entende-se como livro o veículo de transmissão do pensamento, pouco importando o processo tecnológico usado (impressão gráfica em papel, impressão magnética em disquete de computador, gravação em fita de vídeo etc.). Além disso, a imunidade não se restringe ao papel de imprensa, mas abrange também outros insumos (componentes), como a tinta de impressão, os tipos gráficos, as máquinas impressoras etc.[15]

No que diz respeito às imunidades específicas, ou seja, aquelas relacionadas a um único imposto, mencione-se a imunidade do art. 149, § 2º, I, da Constituição. Por causa dela, todas as receitas decorrentes de exportação não podem ser atingidas pelas contribuições sociais e de intervenção no domínio econômico (ver item 2.4.2). Também relacionada à exportação, a imunidade do art. 153, § 3º, III, da Constituição, estabelece que os produtos industrializados destinados ao exterior estão livres do IPI, o que mostra a clara intenção do legislador de fazer com que não se exportem impostos, promovendo, assim, a competitividade dos produtos da indústria nacional no mercado externo.

Tem-se ainda a imunidade do art. 155 da Constituição:

> [...]
>
> Art. 155. Compete aos Estados e ao Distrito Federal instituir impostos sobre:
>
> [...]
>
> § 2º O imposto previsto no inciso II atenderá ao seguinte:
>
> [...]
>
> X – não incidirá:
>
> [...]
>
> sobre operações que destinem mercadorias para o exterior, nem sobre serviços prestados a destinatários no exterior, assegurada a manutenção e o aproveitamento do montante do imposto cobrado nas operações e prestações anteriores;
>
> [...]

É importante frisar que o benefício em questão alcança não só o exportador imediato, como todas as pessoas que tornaram possível a exportação.[16]

1.2.2.2 *Isenções*

* *Para saber mais detalhes a respeito desse assunto, consultar Borges, 2007.*

Diferentemente das imunidades, previstas do texto constitucional, as isenções* são criadas por meio de normas infraconstitucionais, mas, como aquelas, também atingem a hipótese de incidência da norma tributária. Frise-se que devem obedecer ao princípio da legalidade, na medida em que somente podem ser instituídas por lei. Elas se inserem no âmbito da competência tributária de cada ente tributante, já que, em regra, a União não pode dar isenção a tributo de competência estadual e vice-versa.*

Como se viu anteriormente, a hipótese de incidência da norma tributária é composta por um critério material (fato do qual nasce o tributo), um critério temporal (momento em que nasce o tributo) e um critério espacial (local onde nasce o tributo). Além disso, observa-se que o critério material é composto de duas partes: um verbo (*importar*, por exemplo) e um complemento (*mercadorias estrangeiras*, por exemplo). Evidentemente que, em relação ao verbo do critério material, também há necessidade de identificar o sujeito que pratica a ação (no exemplo: Quem importa as mercadorias estrangeiras?). A isenção tributária pode atingir qualquer um desses critérios, ou mesmo mais de um, restringindo-os ou desqualificando-os em certas situações.[17]

Por exemplo, se uma lei estadual isentasse as empresas com faturamento anual inferior a R$ 50 mil do recolhimento do ICMS sobre a importação de mercadorias, essa isenção atingiria o critério material (no âmbito pessoal) da norma tributária. Se isentasse desse tributo as empresas importadoras instaladas na capital do estado, atingiria o critério espacial.

A lei poderia também estabelecer que estariam isentas do ICMS as empresas importadoras de ferro cromado. Nesse caso, seria igualmente atingido o critério material, no que se refere à expressão mercadorias estrangeiras, já que existe uma restrição desse complemento. Para concluir, a lei poderia também estabelecer que, durante determinado ano, todas as empresas que importassem mercadorias estrangeiras

* *Deve-se observar, no entanto, a importante exceção que envolve tratados internacionais.*

estariam isentas do pagamento do ICMS, o que afetaria o critério temporal.

Várias outras situações poderiam ser elencadas, sobretudo no que diz respeito aos tributos federais. De qualquer modo, o que se quer destacar é que a previsão de isenção faz com que não surja a obrigação tributária de recolher o imposto em determinadas situações. Note-se ainda, pelos próprios exemplos aqui vistos, que os motivos pelos quais o ente tributante cria uma isenção podem ser os mais variados, não seguindo uma lógica universal. Eles se incluem, assim, nos intrincados aspectos da política fiscal.

1.2.2.3 *Redução de base de cálculo*

A redução de base de cálculo nada mais é do que a alteração do montante que serve de referência para a aplicação da alíquota, no cálculo do valor efetivo a ser pago como tributo. A conseqüência natural e imediata dessa redução é a diminuição do quantum que o contribuinte (sujeito passivo) deverá recolher aos cofres públicos. Há diversas fórmulas para a redução da base de cálculo de um imposto, muitas das quais não são de fácil identificação, como é o caso do diferimento e das deduções.

Apenas para ilustrar como isso pode se configurar em um benefício, imagine-se que a União resolva modificar, para alguns produtos, a base de cálculo do II, representada pelo valor aduaneiro da mercadoria. Assim, em vez de estabelecer a totalidade do valor aduaneiro como base, a lei federal estabelece que a alíquota do imposto será aplicada sobre metade desse valor. Por uma questão lógica, o imposto a ser recolhido, nesse caso hipotético, será a metade do que normalmente seria devido.

1.2.2.4 Redução de alíquota

A alíquota é um índice, geralmente expresso em termos percentuais, que, multiplicado pelo valor de referência da base de cálculo, resulta no valor final do imposto a ser recolhido. Assim, juntamente com a redução de base de cálculo, a redução de alíquota é um benefício que atinge o quantum que deve ser pago ao sujeito ativo a título de tributo. É um expediente bastante comum na concessão de benefícios fiscais e, em alguns casos, não precisa ser autorizada por lei. Cite-se, como exemplo, o II, que pode ter sua alíquota modificada por meio de decisão do Poder Executivo.

Os motivos que levam à redução de alíquota são os mais variados e incluem-se no âmbito das políticas fiscal e comercial do Estado. Cite-se como uma importante razão para a concessão de benefícios fiscais pautados na redução de alíquota os tratados internacionais, sobretudo os da Organização Mundial do Comércio (OMC) – os membros dessa organização assumem, a cada rodada de negociação, compromissos de redução de barreiras tarifárias – e os do Mercado Comum do Sul (Mercosul) – a meta é a redução das alíquotas a zero no comércio entre os países do bloco. Esses tratados têm considerável impacto nos regimes de tributação e de concessão de benefícios fiscais nas operações de comércio exterior.

1.2.2.5 Deduções tributárias e atribuição de créditos presumidos

Tanto as deduções quanto a concessão de créditos presumidos são formas indiretas de redução de base de cálculo. A apuração do *quantum* do imposto a pagar é bastante complexa tanto num caso quanto no outro.

Ambas são verdadeiros prêmios que a legislação concede em determinadas situações. No caso das deduções, mencionem-se, por exemplo, os gastos com depreciação acelerada ou as despesas com treinamento de funcionários, que podem ser deduzidas em dobro da base de cálculo do imposto de renda. Quanto aos créditos*, um exemplo é a atribuição de prêmios para empresas exportadoras, sob a forma de créditos de IPI e de ICMS, a serem usados na redução dos débitos dessas empresas.[18]

1.2.3 Demais benefícios fiscais

Comentou-se, no início deste capítulo, que os benefícios fiscais abrangem categorias de ajuda estatal que não se resumem à redução de tributos. Trata-se de uma série de incentivos que, em conjunto com os benefícios tributários, visam a promover o desenvolvimento, estimular determinado setor da economia ou corrigir determinada desigualdade social. Destacam-se, entre eles, os subsídios, o diferimento, a depreciação acelerada, a remissão e a devolução.

1.2.3.1 Subsídios

O subsídio é um instituto abrangente que pode englobar

---

* *Esse sistema de créditos fiscais decorrentes das exportações é anterior à atual Constituição. Hoje, como se viu no item relativo às imunidades, as exportações não se sujeitam à tributação do IPI e do ICMS, entre outros tributos.*

diversos institutos fiscais abordados neste livro. Em um sentido mais amplo, esse termo pode se confundir com a palavra *benefício*, tal como aqui usada. Para fins de conceituação, adota-se o entendimento presente no Acordo sobre Subsídios e Medidas Compensatórias, um dos tratados assumidos pelo país na OMC.*

De acordo com ele, o subsídio deve ser entendido como toda contribuição financeira, direta ou indireta, de fato ou de direito, feita por algum ente público da qual decorra algum tipo de vantagem para o destinatário do benefício. Veja-se que não se trata apenas da transferência de recursos financeiros. Dentre os exemplos mencionados pelo acordo, estão: doações de bens ou serviços, renúncia fiscal, empréstimos, garantias, auxílios financeiros etc.

É importante que se ressalte que, para os fins desse acordo, o subsídio não é necessariamente ilegal; somente o será quando for específico. Isso significa que a União, os estados e os municípios podem adotar políticas de incentivo desde que não sejam direcionadas a uma empresa, setor ou região específicos ou não tenham como objetivo estimular diretamente a exportação ou o consumo de bens nacionais em detrimento de bens importados. Essas situações caracterizam o subsídio como específico e, portanto, como ilegal para a OMC.

1.2.3.2 *Diferimento*

O diferimento é um benefício fiscal por meio do qual se modifica a forma de cumprimento da obrigação tributária.[19] Note-se, portanto, que não se está falando de redução ou eliminação da obrigação de recolher determinado tributo,

* *Todos os compromissos no âmbito dessa organização, os chamados* Acordos da OMC, *foram incorporados à nossa legislação, estando contidos no Decreto nº 1.355/1994.*

mas de uma alteração, determinada pelo sujeito ativo, das condições para o cumprimento dessa obrigação.

Por conta disso, Sacha Coêlho defende que o diferimento não deve ser considerado um instituto autônomo. Trata-se, na verdade, de um dos efeitos econômicos da aplicação de exonerações (como as vistas anteriormente) aos impostos não-cumulativos, sendo caracterizado ou pela dilação do prazo de pagamento do tributo (moratória), ou pela alteração do destinatário tributário legal (substituição).[20]

Ocorre diferimento, portanto, quando o legislador estabelecer que o lançamento e o pagamento do imposto serão feitos num momento seguinte na cadeia de tributação. Por exemplo, em vez de exigir que o ICMS seja lançado e pago no momento em que a mercadoria sai do estabelecimento comercial, o legislador determina que isso seja feito em algum momento posterior da etapa de comercialização. Pode ocorrer diferimento também quando o legislador determinar que o imposto que seria pago pelo contribuinte de uma operação (produtor, por exemplo) deve ser pago pelo contribuinte que promover a próxima operação (revendedor da mercadoria, no caso).

1.2.3.3 *Depreciação acelerada*

A depreciação é um conceito que diz respeito às perdas de valor de determinado bem, para fins de escrituração contábil. Em outras palavras, todo bem do ativo de uma empresa (como é o caso de uma máquina, por exemplo) tem uma vida útil que pode ser medida economicamente (taxa de depreciação). Como esse bem vai perdendo valor com o passar do tempo, essas perdas ou depreciações podem ser lançadas como despesas no balanço patrimonial da empresa.

A depreciação acelerada consiste no aumento da taxa de depreciação, com a finalidade de incentivar a implantação, renovação ou modernização de instalações e equipamentos.[21] Dessa forma, elevam-se as despesas com depreciação nos primeiros anos de vida útil do ativo, permitindo uma redução do preço efetivo na aquisição de bens de capital.[22]

Nota-se assim que, como benefício fiscal, a depreciação acaba significando a redução da base de cálculo de alguns tributos, especialmente no caso do imposto de renda. E, conforme se verá em momento oportuno, algumas legislações contemplam, no conjunto de benefícios relativos à importação e/ou à exportação, situações que incluem a modalidade de depreciação acelerada como fator de incentivo a determinada atividade.

1.2.3.4 *Remissão e devolução*

Esses dois institutos são considerados por Sacha Coêlho como situações de exoneração externa, na medida em que se referem a situações de certo modo alheias à obrigação tributária, já que não ocorrem nem no âmbito da hipótese de incidência, nem no da conseqüência jurídica. Nessas situações, a extinção do crédito tributário dá-se por decisão do próprio sujeito ativo que, uma vez instalada a obrigação tributária, resolve dispensar o crédito a que faz jus ou então devolvê-lo ao contribuinte.[23]

Por meio da remissão, o credor do tributo dispensa o devedor do pagamento, numa espécie de perdão da dívida.

Naturalmente, a remissão tem de ser autorizada por lei, uma vez que traz implicações em termos de arrecadação, afetando a receita pública. A mesma exigência legal se faz em relação à devolução, que, ao contrário do que ocorre com a remissão*, pressupõe que o tributo seja efetivamente pago.[24]

Observe-se, por fim, que a remissão e a devolução pressupõem a existência do crédito tributário e, por essa razão, diferenciam-se de benefícios como a imunidade e a isenção, as quais, por atingirem a hipótese de incidência da norma, estabelecem fatos que, mesmo se ocorrerem, não geram a conseqüência jurídica de fazer surgir a obrigação tributária.

1.3 Competência para tributar e para conceder benefícios fiscais

* *Deve-se distinguir a remissão da restituição tributária, que ocorre quando o tributo é indevidamente recolhido. No caso da devolução, o benefício ao credor ocorre por mera liberalidade do sujeito ativo.*

A competência tributária refere-se ao poder, ou faculdade, de editar normas que criem tributos. Como já vimos, esse poder é conferido aos entes públicos (União, estados e municípios, além do Distrito Federal) pela Constituição, que, a rigor, é a lei tributária fundamental, pois contém as diretrizes básicas aplicáveis a todos os tributos. Os tributos criados devem descrever os elementos necessários de uma norma tributária, assim considerados aqueles vistos no item 1.1: a hipótese de incidência, ou fato gerador do tributo, os sujeitos ativo e passivo, a base de cálculo e a alíquota.[25]

Do mesmo modo que os entes públicos detentores da competência tributária podem criar um tributo, podem igualmente modificá-lo, o que significa que podem aumentá-lo ou diminuí-lo. Podem também estabelecer benefícios fiscais atinentes a eles. Em outras palavras, a competência para criar tributos também se aplica para o estabelecimento de benefícios ou exceções. Tudo depende de uma decisão política, a ser tomada pela própria entidade tributante.[26]

1.3.1 *Distribuição das competências na Constituição*

A distribuição das competências na Constituição abrange basicamente a competência exclusiva e a competência concorrente ou comum. No primeiro caso, estabelece-se que determinados tributos somente podem ser criados por determinados entes e por nenhum outro. No segundo caso, os tributos podem ser criados por qualquer ente tributante.

O art. 153 da Constituição elenca os impostos cuja criação é de competência exclusiva da União:

> [...]
> Art. 153. Compete à União instituir impostos sobre:
> I – importação de produtos estrangeiros;
> II – exportação, para o exterior, de produtos nacionais ou nacionalizados;
> III – renda e proventos de qualquer natureza;
> IV – produtos industrializados;
> V – operações de crédito, câmbio e seguro, ou relativas a títulos ou valores mobiliários;
> VI – propriedade territorial rural;
> VII – grandes fortunas, nos termos de lei complementar.
> [...]

Cabe ainda à União instituir empréstimos compulsórios e contribuições de intervenção no domínio econômico e no interesse das categorias profissionais e econômicas (CF, arts. 148 e 149).

Por fim, segundo o art. 154,

> [...]
> Art. 154. A União poderá instituir:
> I – mediante lei complementar, impostos não previstos no artigo anterior, desde que sejam não-cumulativos e não tenham fato gerador ou base de cálculo próprios dos discriminados nesta Constituição;
> II – na iminência ou no caso de guerra externa, impostos extraordinários, compreendidos ou não em sua competência tributária, os quais serão suprimidos, gradativamente, cessadas as causas de sua criação.
> [...]

Já os tributos de competência exclusiva dos estados estão determinados no art. 155:

> [...]
> Art. 155. Compete aos Estados e ao Distrito Federal instituir impostos sobre:
> I – transmissão causa mortis e doação, de quaisquer bens ou direitos;
> II – operações relativas à circulação de mercadorias e sobre prestações de serviços de

transporte interestadual e intermunicipal e
de comunicação, ainda que as operações e as
prestações se iniciem no exterior;
III – propriedade de veículos automotores.
[...]

Por fim, quanto aos municípios, a Constituição estabelece que podem instituir contribuição, na forma das respectivas leis, para o custeio do serviço de iluminação pública (CF, art. 149-A)*, além das competências elencadas no art. 156:

[...]
Art. 156. Compete aos Municípios instituir impostos sobre:
I – propriedade predial e territorial urbana;
II – transmissão "inter vivos", a qualquer título, por ato oneroso, de bens imóveis, por natureza ou acessão física, e de direitos reais sobre imóveis, exceto os de garantia, bem como cessão de direitos a sua aquisição;
III – serviços de qualquer natureza, não compreendidos no art. 155, II, definidos em lei complementar.
[...]

* *O Distrito Federal detém competência para instituir os impostos previstos nos arts. 155 (ITCD, ICMS e IPVA) e 156 (IPTU, ITBI e ISS) da Constituição, bem como a contribuição para o custeio do serviço de iluminação pública prevista no art. 149-A (CF, art. 147).*

Em sede de competência concorrente, a Constituição estabelece que União, estados e municípios detêm competência comum para instituir taxas e contribuições de melhoria (CF, art. 45). Quanto às contribuições sociais, sua instituição é de competência da União, para custear a Previdência

Social, e também dos estados e do Distrito Federal, para a cobertura do sistema de previdência e assistência social de seus servidores, sendo o pagamento devido exclusivamente por estes (CF, art. 149, § 1º). Pelo que se pode observar, os principais tributos que guardam relação com operações de comércio exterior estão inseridos no âmbito da competência da União (são os chamados tributos federais).

1.3.2 *Benefícios concedidos por meio de tratados internacionais*

A Constituição estabelece que é vedado à União instituir isenções de tributos da competência dos estados, do Distrito Federal ou dos municípios (CF, art. 151, III). De fato, em decorrência das normas de competência tributária mencionadas anteriormente, somente os estados e os municípios podem conceder benefícios fiscais para tributos de sua competência. No entanto, o principal tributo de competência estadual (o ICMS) tem sido objeto de isenções concedidas no âmbito de tratados internacionais, celebrados pela União.

Sem entrar no mérito das discussões que se encontram em toda a doutrina a respeito do assunto, o que se tem entendido é que, sendo criada por meio de tratados internacionais, a isenção de impostos estaduais, como é o caso do ICMS, não fere a Constituição, na medida em que somente a União tem competência para manter relações com outros países. Quando, no contexto dessas relações, assina um tratado, na verdade o faz em nome de todos os entes da Federação, incluindo os estados.

1.4 *Fontes dos tributos e dos benefícios fiscais*

Mencionou-se no decorrer deste capítulo que tanto os tributos quanto os benefícios fiscais devem ser instituídos em lei. Usa-se, aqui, o termo lei em sentido amplo, para significar toda e qualquer disposição legal que cria, modifica ou extingue direitos ou obrigações. Seguindo-se tal raciocínio, a palavra lei independe do nome que se atribui à disposição legal.

Continuando nessa direção, chega-se ao termo fonte que, na linguagem do direito, está relacionado com a forma de manifestação de uma norma ou regra de comportamento. Em termos mais simples, esse vocábulo refere-se ao local onde se pode encontrar essa regra de conduta, que normalmente está no texto (documento escrito) da lei. Quando se faz referência às fontes dos tributos e dos benefícios fiscais, está-se fazendo alusão, portanto, aos locais onde se pode encontrar as regras referentes a eles. Se a lei é o parâmetro necessário, cuida-se, então, de identificar que tipos de lei são esses que servem de base para a determinação dos tributos e dos benefícios fiscais.

A primeira e mais importante dessas fontes é, sem dúvida, a Constituição, lei maior do país. Várias vezes mencionada neste capítulo, é ela quem define a estrutura tributária e financeira nacional – além, evidentemente, de todos os demais assuntos que interessam para a sociedade brasileira. Por ser considerada a lei maior, todas as demais estão abaixo dela (por isso, são chamadas de normas infraconstitucionais) e não podem contrariá-la.

Dentre essas normas infraconstitucionais, destacam-se, num primeiro nível, as leis complementares e ordinárias, as medidas provisórias e os decretos e, num segundo nível, as portarias, as instruções normativas e demais atos normativos congêneres. Existe entre essas normas uma certa hierarquia, de tal sorte que os decretos, por exemplo, devem respeitar o que está nas leis e as instruções normativas, o que está nos decretos.

Não se pode esquecer também dos tratados internacionais – que nada mais são do que acordos de vontade entre países a respeito de determinado assunto –, cuja hierarquia é bastante controvertida entre os estudiosos. Os fenômenos da globalização estão fazendo com que, cada vez mais, sejam criadas normas internacionais que, depois, são incorporadas à legislação. Vejam-se, a título de ilustração, os casos dos tratados decorrentes do Mercosul e da OMC.

Das inúmeras leis existentes que versam sobre tributação e sobre benefícios fiscais relacionados ao comércio exterior, merece destaque a Lei nº 5.172/1966, que instituiu o Código Tributário Nacional. O CTN dispõe sobre o sistema tributário nacional e institui normas gerais de direito tributário que se aplicam à União, aos estados e aos municípios.

Especificamente em relação aos decretos, o principal deles, sem sombra de dúvida, é o de nº 4.543/2002, conhecido como Regulamento Aduaneiro, que cuida da administração das atividades aduaneiras e da fiscalização, controle e tributação das operações de comércio exterior no país. Quanto às demais normas, ressaltem-se, por ora, as instruções normativas editadas pela Secretaria da Receita Federal (atual Receita Federal do Brasil), que serão bastante mencionadas ao longo deste livro.

ributa
ção no
comér
exteri

estudo
tributação no
comércio
exterior

2

Tributação no comércio exterior

e ste capítulo visa a descrever os tributos incidentes sobre as operações de comércio exterior, ou seja, incidentes sobre a importação e a exportação. Cuida-se, primeiro, dos principais tributos incidentes sobre a importação, fazendo-se também menção às barreiras tarifárias nessa operação. Ao final, analisa-se o Imposto de Exportação. Para cada tributo, busca-se apresentar sua hipótese de incidência e sua conseqüência jurídica, bem como sua forma de recolhimento. Existem diversos outros tributos que incidem indiretamente sobre a importação ou a exportação e, por isso, de algum modo interferem na formação do preço da mercadoria importada ou exportada.* No entanto, eles não serão objeto de análise nesta obra.

* *Como exemplo, citem-se o Imposto de Renda Pessoa Jurídica (IRPJ) e a Contribuição Social sobre o Lucro Líquido (CSLL), ambos de competência federal.*

2.1 Imposto de Importação

O II é um tributo federal, ou seja, somente a União tem competência para instituí-lo (CF, art. 153, I). Incide sobre a entrada de produto estrangeiro em território aduaneiro, ou seja, em território nacional. Está legalmente previsto na Constituição Federal, no CTN, no Regulamento Aduaneiro e em diversas legislações esparsas, entre elas o Decreto-Lei nº 37/1966. Além disso, deve se adequar aos compromissos firmados pelo Brasil em tratados internacionais, dentre os quais merecem destaque os do Mercosul e da OMC.

O II não obedece aos princípios da legalidade (ou seja, não precisa ser instituído por lei) e da anterioridade (isto é, não passa a valer somente no exercício financeiro seguinte), pelo fato de possuir caráter eminentemente extrafiscal. Sua alíquota pode ser alterada por simples decreto do Poder Executivo, entrando essa alteração em vigor na data de sua publicação no Diário Oficial da União.[1] Essa sistemática é bastante relevante porque acaba permitindo uma maior flexibilidade, e também certa agilidade, na adoção e implementação de políticas de comércio exterior para importação.

2.1.1 Hipótese de incidência

Conforme se mencionou acima, o II incide sobre a entrada de produtos estrangeiros em território nacional. Essa é, portanto, a sua hipótese de incidência tributária, que gera como conseqüência a obrigação de pagar o tributo. Seguem abaixo considerações a respeito dos três critérios para sua determinação: primeiro, a ação que enseja o tributo (critério mate-

O IRPJ tem como hipótese de incidência a aquisição de renda (produto do capital, do trabalho ou de ambos) ou de proventos de qualquer natureza (acréscimos patrimoniais). A CSLL, que guarda estreita relação com o IRPJ, foi instituída pela Lei nº 7.689/1988 e está atualmente regulamentada pela Lei nº 8.981/1995.

rial); depois, o momento a partir do qual o tributo é devido (critério temporal) e, por fim, o local onde nasce a obrigação tributária (critério espacial).²

O critério material diz respeito à importação de produtos estrangeiros. Não há o que discutir em relação ao sentido do verbo *importar*, que significa "trazer para dentro" – do nosso território, no caso. Mas algumas dúvidas podem surgir em relação ao alcance da expressão *produtos estrangeiros*. O entendimento majoritário é que a palavra *produto* diz respeito aos bens corpóreos não necessariamente destinados à comercialização, muito embora essa seja a regra. A palavra *estrangeiros* refere-se apenas a produtos que não são nacionais.* Em outras palavras, o II não pode incidir sobre produtos nacionais reimportados, por exemplo.³

No que se refere ao critério temporal, há dois posicionamentos diferentes: alguns autores defendem que o imposto passa a ser devido a partir da entrada física do produto em território aduaneiro nacional e outros, que passa a ser devido a partir do registro da Declaração de Importação (DI) no Sistema Integrado de Comércio Exterior (Siscomex). Tem prevalecido o entendimento legal, com base no artigo 72 do Regulamento Aduaneiro, e jurisprudencial, com base nas decisões do Supremo Tribunal Federal, de que o imposto passa a ser devido a partir da data do registro da DI. Quanto ao critério espacial, considera-se que há incidência desse imposto em qualquer local do território nacional onde possa ser feito esse registro.

* *Apesar de essa possibilidade constar do art. 1º, § 1º, do Decreto-Lei nº 37/1966, o Supremo Tribunal Federal já pacificou entendimento no sentido de sua inadmissibilidade.*

2.1.2 Conseqüência jurídica

Uma vez configurada a hipótese de incidência, ou seja, o registro da DI no Siscomex, nasce a obrigação tributária, que é justamente o dever de recolher o II. Cria-se, então, uma relação jurídica tributária que passa a reunir outros dois critérios do tributo. O primeiro, chamado de critério pessoal, é aquele por meio do qual se identificam quem é responsável pelo pagamento do tributo (sujeito passivo) e a quem se deve pagá-lo (sujeito ativo). O segundo critério, chamado de quantitativo, cuida de identificar o valor do imposto; para tanto, analisa-se a sua base de cálculo, sobre a qual incidirá a alíquota.

Com relação aos sujeitos passivo e ativo do tributo, não há maiores discussões. Como sujeito ativo, tem-se a União, pois é ela que institui o referido imposto. No que diz respeito ao sujeito passivo, há três possibilidades: o destinatário de remessa postal, o adquirente de mercadoria entrepostada e o importador.[4] Evidentemente que, dos três, o principal é o importador, que, segundo os termos do Regulamento Aduaneiro, é qualquer pessoa que promova a entrada de mercadoria estrangeira no território nacional. Enfim, trata-se daquela pessoa em nome de quem o produto é importado (Decreto nº 4.543/2002, art. 103, I).*

Até aqui, viu-se que o II passa a ser devido pelo importador em favor da União a partir do momento em que é feito o registro da DI no Siscomex. Fundamental, por fim, é o valor a ser pago, resultado da combinação entre a base de cálculo e a alíquota. A base de cálculo é o valor aduaneiro do bem, conforme o que foi definido no Acordo sobre Valoração Aduaneira, um dos tratados integrantes dos compromissos

* *O Regulamento Aduaneiro fala ainda da possibilidade de tanto o transportador quanto o depositário serem responsáveis pelo pagamento do imposto (Decreto nº 4.543/2002, art. 104). Além disso, menciona como responsáveis solidários outras pessoas (Decreto nº 4.543/2002, art. 105).*

* *Para conhecer detalhes a respeito do Acordo de Valoração Aduaneira e de todos os métodos de valoração, ver a obra de Rocha (2003).*

** *Esse é apenas um exemplo de situação que não autoriza a aplicação do primeiro método. Para conhecer outros, ver o Acordo de Valoração Aduaneira.*

*** *Meira (2002) explica que isso é algo bastante raro na prática: ocorre em menos de 1% dos casos no Brasil.*

assumidos pelo Brasil na OMC.* O valor aduaneiro de um bem é, portanto, o valor atribuído ao produto para efeitos de tributação sobre a importação. Sobre os métodos de valoração, eles são em número de seis e respeitam uma ordem do primeiro ao sexto, de tal sorte que, sendo suficiente o primeiro, não se aplica o segundo, e assim por diante.

Como regra (primeiro método), o valor é aquele declarado pelo próprio importador na Declaração de Valor Aduaneiro (DVA), preenchida no Siscomex. Consiste no preço efetivamente pago ou a pagar pelo bem importado, incluindo todas as despesas de transação envolvidas, tais como, quando for o caso, seguros, fretes, comissões, *royalties* etc. Para a aplicação desse método, porém, o produto deve ter sido remetido ao país em uma operação de venda. Ele não é aplicável se for constatada vinculação entre importador e exportador.**

Não sendo possível a aplicação do primeiro método[5], deve-se apurar o valor aduaneiro da mercadoria com base no valor de mercadoria importada idêntica, vendida ao Brasil na mesma época da transação que se pretende valorar (segundo método). Não sendo possível encontrar mercadoria idêntica, recorre-se ao valor de mercadoria importada similar, vendida ao Brasil na mesma época da transação que se pretende valorar (terceiro método).*** Não sendo igualmente possível aplicar esse método, o valor aduaneiro será determinado com base no valor de revenda do produto no mercado interno do Brasil (quarto método), na soma do valor dos insumos e dos custos de produção, acrescida dos lucros e despesas necessárias à operação (quinto método) ou no arbitramento da Receita Federal, seguindo-se critérios razoáveis de atribuição de valor (sexto método).

Além do valor aduaneiro da mercadoria – que consiste, como já se mencionou, na base de cálculo do imposto –, a determinação do valor do II para o bem importado depende de alíquota específica aplicada à base de cálculo apurada. Essa alíquota corresponde a um número, normalmente definido em termos percentuais, que varia conforme o produto.

Cabe, nesse momento, um esclarecimento. Com vistas a facilitar as operações do comércio internacional, sobretudo no que diz respeito à identificação dos produtos objeto de transação, os países firmaram tratados para harmonizar a classificação dos produtos. O principal deles é a Convenção Internacional sobre o Sistema Harmonizado de Designação e Codificação de Mercadorias, mais conhecida pela sigla SH (Sistema Harmonizado). Nesse sistema, as mercadorias são classificadas em códigos numéricos de seis dígitos, divididos em capítulos, seções e posições.*

O SH não tem, porém, um caráter obrigatório: sua finalidade é meramente servir de parâmetro para os países na identificação dos produtos. O Brasil, signatário da Convenção do SH, utilizou esse sistema como base para estruturar a sua nomenclatura (conhecida como Nomenclatura Comum Brasileira – NCB). Hoje, ele serve de base para a Nomenclatura Comum do Mercosul (NCM), classificação adotada por todos os países integrantes do bloco, inclusive o Brasil, para identificar os produtos objeto do comércio internacional. Em suma, a NCM é hoje a base de classificação dos produtos para fins de importação e exportação no Brasil.

Esclareça-se que, ao preencher a DI no Siscomex, o importador, além de declarar o preço do produto para fins de valoração aduaneira, deve declarar também qual produto está

* *Para saber mais detalhes sobre o SH, ver a obra de Dalston (2005a).*

importando. Para isso, deve classificar o referido produto com base na NCM. Portanto, é responsabilidade do importador fazer a devida identificação da mercadoria – um erro na classificação pode acarretar a aplicação de sanções. Em caso de dúvida sobre a classificação pertinente, recomenda-se que o importador consulte a autoridade aduaneira, já que esta ficará vinculada à sua resposta.[6]

Feita essa observação, retome-se a questão da alíquota do II. Como se disse anteriormente, ela varia conforme o produto, isto é, não costuma ser regra que todos os produtos que um país importa estejam sujeitos a uma mesma alíquota. A determinação da alíquota é, antes de tudo, resultado da conjugação de interesses internos de um país, que precisa proteger determinados setores da economia, e de obrigações internacionais, fruto de negociações no âmbito multilateral (OMC), regional (Mercosul, Associação Latino-Americana de Integração etc.) e bilateral (acordos preferenciais). Deve-se, então, observar que a alíquota desse imposto, além de variar conforme o produto, pode igualmente variar conforme o país do qual se está trazendo a mercadoria.

No caso do Brasil, a alíquota-base é a Tarifa Externa Comum (TEC) do Mercosul. Trata-se de uma tabela que tem, de um lado, a indicação do produto (respectiva NCM) e, de outro, o percentual a ser cobrado na sua importação.* Convém mencionar ainda que a importação pelo Brasil de produto oriundo do Mercosul não está sujeita à TEC.

*Para saber mais detalhes sobre a TEC, consultar o site: <http://www.desenvolvimento.gov.br/sitio/secex/negInternacionais/tec/apresentacao.php>.

2.1.3 *Recolhimento do imposto*

Como se comentou acima, a obrigação tributária surge para

o importador (sujeito passivo) assim que ele preenche a DI no ambiente virtual do Siscomex. O imposto é gerado e recolhido via sistema, por meio de débito em conta corrente. O próprio contribuinte promove o cálculo do tributo, sem a participação da autoridade fazendária – é o que se costuma chamar de lançamento por homologação. Uma vez recolhido o tributo, extingue-se o crédito a ele correspondente em favor da União. É importante que se observe, desde já, que o imposto pago a título de II não gera crédito para o importador (ao contrário do que ocorre no IPI e no ICMS, por exemplo), passando a integrar o custo da mercadoria.

Além disso, a extinção do crédito tributário, por meio do pagamento desse imposto, não acarreta automática nacionalização do produto. O recolhimento é apenas condição para que haja o desembaraço aduaneiro, etapa final do despacho aduaneiro. A autoridade fazendária pode, durante a conferência aduaneira ou em qualquer outro expediente de fiscalização, determinar a retificação da DI, disso resultando até mesmo a incidência de acréscimos legais, como juros e multa.[7] Naturalmente, essa situação faz com que a obrigação tributária continue existindo, impedindo a liberação da mercadoria.

2.2 *Imposto sobre Produtos Industrializados*

O IPI também é um imposto de competência exclusiva da União, portanto um tributo federal. Além de incidir sobre a realização de operações com produtos industrializados no mercado interno do país, incide sobre operações de importação. É este o aspecto que particularmente interessa para o presente livro. Antes de se verificar alguns detalhes sobre o IPI, convém recordar que ele não incide sobre a exportação, por força de vedação expressa contida no art. 153, § 3º, III, da Constituição Federal. No que diz respeito à sua previsão legal, pode-se citar, além da Constituição, o CTN, o Regulamento Aduaneiro e diversas legislações esparsas, entre elas a Lei nº 4.502/1964.

2.2.1 *Hipótese de incidência*

Conforme delimitação feita acima, tratar-se-á aqui apenas do IPI que incide sobre a importação. Nesse caso, a hipótese de incidência do referido tributo é bastante semelhante à do II, ou seja, importar produtos estrangeiros industrializados. Note-se, contudo, uma importante distinção: enquanto o II incide sobre a importação de produtos estrangeiros industrializados e não-industrializados, somente os primeiros são passíveis de incidência do IPI. Além disso, esse imposto também incide sobre produtos industrializados reimportados, o que não ocorre com o II.[8]

Note-se, dessa forma, que o IPI acaba sendo um imposto adicional ao II. Com efeito, no caso da importação de produtos estrangeiros não-industrializados, há apenas incidência do II, mas, no caso de importação de produtos estrangeiros industrializados, há incidência de ambos: primeiro o II e, sobre o montante daí resultante, o IPI.

No que se refere ao critério temporal, o IPI tem como fato gerador o desembaraço aduaneiro. Nesse caso, mesmo que o importador seja obrigado a antecipar o pagamento do IPI quando preenche a DI, o tributo só será devido, de fato, se houver o desembaraço.* Caso haja extravio da mercadoria antes desse momento (durante a conferência aduaneira, por exemplo), os valores recolhidos antecipadamente a título de IPI devem ser devolvidos.⁹

Por conta disso, conclui-se que o critério espacial é justamente a repartição aduaneira, onde se dá esse último ato do despacho aduaneiro, independentemente de se tratar de zona primária (porto ou aeroporto) ou de zona secundária (qualquer outro ponto do território nacional), bastando o fato de ser um local alfandegado.

2.2.2 *Conseqüência jurídica*

No IPI, os aspectos relativos aos sujeitos passivo e ativo são idênticos aos do II. Portanto, tanto na importação de produtos industrializados quanto nas operações de reimportação, tem-se como sujeito ativo a União e como sujeito passivo o importador, o destinatário de remessa postal e o adquirente de mercadoria entrepostada.

A base de cálculo do IPI incidente sobre as operações de importação e de reimportação é o valor aduaneiro do produto acrescido do II. Note-se, portanto, que é justamente o valor final a ser pago pelo bem importado, o que inclui o valor recolhido com base na TEC, como se viu antes.

Resta, por fim, a determinação da alíquota desse imposto. Como também ocorre no II, ela varia conforme o produto. No entanto, é obrigatório respeitar o princípio da seletividade, ou seja, a incidência do IPI respeita o critério da essencialidade do produto. Assim, quanto mais supérfluo o produto, maior é a alíquota. Feita essa importante consi-

* *Tal é o que decorre da leitura do art. 237, § 1º, I, do Decreto nº 4.543/2002.*

deração, mencione-se que as alíquotas específicas podem ser encontradas na Tabela do Imposto sobre Produtos Industrializados (Tipi).*

2.2.3 *Recolhimento do imposto*

O recolhimento do IPI pelo contribuinte (notadamente o importador) ocorre no mesmo momento do recolhimento do II, ou seja, durante o preenchimento da DI no ambiente virtual do Siscomex. Existe, no entanto, uma importante distinção quanto ao II, relacionada ao critério temporal da hipótese de incidência do IPI. Recorde-se que a obrigação tributária surge apenas quando ocorre efetivamente o desembaraço aduaneiro. Tal consideração é de fundamental importância porque, caso não seja realizado o desembaraço e a mercadoria não seja nacionalizada, os valores pagos devem ser devolvidos ao contribuinte.

Além desse fato relativo ao pagamento do imposto, outra diferença se faz notar em comparação com o II: trata-se dos créditos gerados pelo IPI (Decreto nº 4.544/2002, art. 34, I), em razão de ser aplicável a esse tributo o princípio da não-cumulatividade. O contribuinte poderá escriturar esses créditos assim que houver a efetiva entrada do produto importado em seu estabelecimento comercial ou industrial – note-se, assim, que não é possível a escrituração do crédito após o desembaraço.[10] Ressalte-se ainda que o recolhimento em atraso do tributo faz incidir acréscimos legais, como atualização monetária, juros e, eventualmente, multa.

* *Os valores atuais constantes da Tipi podem ser consultados no site da Receita Federal: <http://www.receita.fazenda.gov.br/aliquotas/DownloadArqTIPI.htm>.*

2.3 PIS/Pasep Importação e Cofins Importação

O Programa de Integração Social (PIS), o Programa de Formação de Patrimônio do Servidor Público (Pasep) e a Contribuição Social para o Financiamento da Seguridade Social (Cofins)* são três outros exemplos de tributos que incidem sobre as operações de importação. Apesar de serem contribuições, a doutrina considera-os impostos, já que dizem respeito a situações não vinculadas a uma atividade estatal específica em favor do contribuinte.[11]

Tal como ocorre com o II e com o IPI, a Constituição Federal determina a competência exclusiva da União para a criação dessas contribuições, conforme os arts. 149, *caput* e § 2º, II, e 195, IV:

> [...]
> Art. 149. Compete exclusivamente à União instituir contribuições sociais, de intervenção no domínio econômico e de interesse das categorias profissionais ou econômicas, como instrumento de sua atuação nas respectivas áreas, observado o disposto nos arts. 146, III, e 150, I e III, e sem prejuízo do previsto no art. 195, § 6º, relativamente às contribuições a que alude o dispositivo.
> [...]
> II – incidirão também sobre a importação de produtos estrangeiros ou serviços;
> [...]
> Art. 195. A seguridade social será financiada

* *Para saber mais detalhes sobre o assunto, ver a obra de Ashikaga e Bizelli (2004).*

> por toda a sociedade, de forma direta e indireta, nos termos da lei, mediante recursos provenientes dos orçamentos da União, dos Estados, do Distrito Federal e dos Municípios, e das seguintes contribuições sociais:
> [...]
> IV – do importador de bens ou serviços do exterior, ou de quem a lei a ele equiparar.
> [...]

Além dessas disposições legais, merece ainda menção a Lei nº 10.895/2004, norma que ampliou a hipótese de incidência dessas contribuições, tornando-as devidas nas operações de importação. Ressalte-se, desde logo, que são inúmeras as hipóteses de incidência do PIS, do Pasep e da Cofins, mas, como já se fez quando da análise do IPI, cuida-se aqui particularmente das situações pertinentes à importação.

2.3.1 *Hipótese de incidência*

A hipótese de incidência tributária das três contribuições é a mesma: a importação de bens e serviços. Observe-se que, diferentemente do que se verifica nos casos do II e do IPI, elas incidem também sobre a importação de serviços. No que diz respeito à hipótese de incidência relativa à importação de bens, trata-se da mesma hipótese verificada no II. Isso faz concluir que, tal como ocorre com o IPI, tais contribuições são, na verdade, adicionais àquele imposto.[12]

O critério material da hipótese de incidência é importar bem ou produto estrangeiro. Aqui, guarda-se a mesma similitude com o II, inclusive no que diz respeito ao critério temporal. Com efeito, o momento em que nasce a obrigação de recolhimento das três contribuições é, como regra, o do registro da DI no Siscomex, sendo os tributos devidos mesmo que a importação não ocorra.[13] Já o critério espacial é o próprio ambiente virtual do Siscomex.

2.3.2 Conseqüência jurídica

Quanto ao critério pessoal da relação jurídica tributária, existe identidade com o II. Ou seja, o sujeito ativo do PIS/Pasep Importação e da Cofins Importação é a União, enquanto o sujeito passivo é, por excelência, o importador, mas igualmente o destinatário de remessa postal e o adquirente de mercadoria entrepostada.[14]

No que se refere ao critério quantitativo, tem-se inicialmente que a base de cálculo das três contribuições é a mesma: o valor aduaneiro do bem ou produto, acrescido do valor do ICMS.[15] Sem entrar no mérito relativo ao paradoxo que decorre da inclusão do ICMS nessa base de cálculo[16], mencione-se apenas que isso faz com que o valor final a ser recolhido varie de estado para estado, já que o ICMS é um imposto estadual. Por fim, as alíquotas estão previstas no art. 8º da Lei nº 10.865/2004, sendo atualmente, como regra*, as seguintes: 1,65% para o PIS/Pasep Importação e 7,6% para a Cofins Importação. Importante mencionar, nesse aspecto, a Instrução Normativa nº 552/2005, que estabelece a forma de cálculo das contribuições.

É importante que se esclareça ainda que, ao contrário do II, as contribuições devem respeitar o princípio da

* *Diz-se "como regra" porque há alíquotas diferenciadas para produtos farmacêuticos e de perfumaria, máquinas, veículos, autopeças, pneus, refrigerantes, água, entre outros. Ver a respeito o art. 8º da Lei nº 10.865/2004.*

anterioridade tributária. O aumento das alíquotas do PIS/Pasep Importação somente produzirá efeito no exercício fiscal seguinte ao de sua publicação, com acréscimo do prazo de 90 dias, se for o caso. Se houver aumento da alíquota da Cofins Importação, somente produzirá efeito 90 dias após sua publicação.[17]

2.3.3 Recolhimento dos impostos

Em relação ao recolhimento desses tributos, vale a mesma sistemática observada nos casos do II e do IPI: o pagamento ocorre durante o registro da DI no ambiente virtual do Siscomex (Lei nº 10.865/2004, art. 4º). No entanto, diferentemente do IPI, a obrigação tributária nasce já com esse registro, o que significa que são devidos mesmo se, por alguma razão, não ocorrer o desembaraço aduaneiro. Em razão da complexidade do valor desses tributos, o Siscomex não efetua seu cálculo. Assim, cabe ao próprio contribuinte preencher no sistema os valores e os códigos de arrecadação respectivos.[18]

Aplica-se a esses impostos o princípio da não-cumulatividade*. Contudo, ao contrário do IPI, a possibilidade de escrituração de créditos desses tributos é definida por lei infraconstitucional (no caso, a Lei nº 10.833/2003). Esse fato merece atenção porque essa legislação pode restringir as hipóteses de não-cumulatividade do PIS/Pasep Importação e da Cofins Importação.**

No caso do regime não-cumulativo, o que ocorre, na verdade, é uma antecipação do tributo que deveria incidir sobre o faturamento da empresa. O imposto recolhido (à alíquota de 9,25%) na importação gera um crédito que será

---

* *O princípio da não-cumulatividade corresponde a uma técnica de arrecadação em que o tributo incidente nas operações anteriores é compensado nas operações posteriores, pelo método temporal e não por operação.*

** *A tributação sob o regime de cumulatividade não é a regra; as hipóteses – excepcionais, portanto – de sua ocorrência encontram-se no art. 10 da Lei nº 10.833/2003.*

deduzido quando da comercialização do produto importado*. Ressalte-se, todavia, que o crédito aqui referido depende da destinação do bem. Somente geram esse crédito os bens importados para revenda e os que servem de insumo para fabricação de produtos destinados à venda. Já no caso do regime cumulativo, as empresas são ainda obrigadas a recolher 3,65% sobre seu faturamento.[19]

2.4 Outros tributos federais na importação

Mencionam-se, a seguir, outros tributos que, direta ou indiretamente, acabam incidindo sobre as operações de importação. A relevância deles está em que todos, a seu modo, causam impacto no preço final do produto objeto de comercialização. Além disso, de importância prática para este livro, está o fato de que muitos dos aqui chamados benefícios fiscais acabam atingindo esses tributos.

2.4.1 Adicional ao Frete para Renovação da Marinha Mercante

O AFRMM é um tributo de competência federal que incide sobre a contratação de frete marítimo – conseqüentemente, de incidência bastante comum em operações de comércio exterior. Trata-se de uma das modalidades de intervenção do Estado no domínio econômico, já que, por meio desse tributo, a União busca apoiar o desenvolvimento da marinha mercante e da indústria de construção e reparação naval no país. Sua base legal está contida na Lei nº 10.893/2004,

* *É necessário lembrar que esses impostos, e os créditos correspondentes, também incidem sobre a importação de serviços.*

regulamentada pelo Decreto nº 5.543/2005.

No que se refere à hipótese de incidência do AFRMM, tem-se como critério material a contratação de transporte aquaviário a título oneroso e como critério temporal, de acordo com o art. 4º da Lei nº 10.893/2004, o início da operação de descarregamento em porto brasileiro. Segue-se daí, por conseqüência, que o critério espacial é justamente o porto no qual atracou o navio usado para o transporte.[20]

Quanto à relação jurídica tributária que nasce da ocorrência da hipótese, tem-se como sujeito passivo o consignatário da carga transportada, ou seja, aquele que recebe a carga no porto, nos termos do art. 10, *caput*, da Lei nº 10.893/2004, mas o proprietário da carga é solidariamente responsável e, caso não haja conhecimento de embarque (*Bill of Lading*), passa a responder sozinho pelo tributo. Já o sujeito ativo, como se trata de tributo de competência federal, é a União.[21]

No que diz respeito ao valor que deve ser recolhido, tem-se como base de cálculo o valor do serviço de transporte, incluídas todas as despesas portuárias com a manipulação de carga. Esse valor normalmente encontra-se no próprio conhecimento de embarque, mas, caso este não exista, o valor do serviço será aquele declarado pelo contribuinte, acrescido das despesas portuárias (Lei nº 10.893/2004, art. 6º). As alíquotas estão previstas no mesmo artigo 6º e atualmente são de 25%, na navegação de longo curso; 10%, na navegação de cabotagem; e 40%, na navegação fluvial e lacustre.

O recolhimento do AFRMM ocorre no momento em que se usa o sistema de controle de sua arrecadação (Sistema Mercante), que calcula o valor do tributo durante o lançamento. O tributo é pago da mesma forma que o II e o IPI: mediante débito em conta corrente. Por último, convém mencionar que esse imposto não gera crédito para o contribuinte.

2.4.2 Cide-Combustíveis

Outra modalidade de imposto federal nos mesmos moldes do AFRMM é a Contribuição de Intervenção no Domínio Econômico (Cide). Esse tributo tem vários fatos geradores, mas, para os fins deste livro, interessa apenas a Cide-Combustíveis, que incide sobre a importação de petróleo e seus derivados, gás natural e seus derivados, e álcool etílico combustível. A base legal desse tributo é a Lei nº 10.336/2001, com as alterações feitas pelas Leis nº 10.636/2002 e 10.866/2004.

A hipótese de incidência da Cide-Combustíveis é, portanto, a importação dos produtos (critério material) mencionados no parágrafo anterior. Os critérios temporal e espacial são os mesmos do II, ou seja, o tributo passa a ser devido a partir do momento em que há o registro da DI no Siscomex, local de constituição da obrigação. E, tal como o II, tem como sujeitos ativo a União e como sujeitos passivos o importador, o destinatário de remessa postal ou o adquirente de mercadoria entrepostada.

Diferentemente dos demais impostos vistos até aqui, o valor a ser recolhido tem como base de cálculo a unidade de medida que serve de base para a comercialização dos combustíveis objeto dessa Cide (metro cúbico ou tonelada). Por ter essa base de cálculo, a alíquota do tributo não é expressa em percentual (*ad valorem*). É uma alíquota específica, ou seja, existe um valor fixo para a unidade de medida adotada.[22] Por exemplo, a alíquota específica para a importação de diesel é de R$ 390,00 por metro cúbico.*

O pagamento da Cide-Combustíveis deve ser feito no mesmo momento em que se pagam o II, o IPI, o PIS/Pasep Importação e a Cofins Importação, ou seja, durante o registro da DI no Siscomex, primeira etapa do despacho aduaneiro, por meio de débito em conta corrente. Ressalte-se ainda que esse imposto pode ser deduzido quando da comercialização dos produtos importados no mercado interno.

2.4.3 *Imposto sobre Operações de Câmbio*

O IOF é um tributo de competência federal que, embora não seja incidente diretamente sobre as operações de comércio exterior, tem sobre elas um impacto considerável, uma vez que envolve pagamento ou recebimento em moeda estrangeira (a chamada cobertura cambial, em que deve haver contratação de câmbio). Nessas operações de câmbio, em que se troca moeda estrangeira por nacional e vice-versa, há incidência de IOF. A base legal desse imposto está no art. 153, V, da Constituição Federal, no CTN (art. 63) e em legislação específica, como a Lei nº 8.894/1994.

A hipótese de incidência do IOF é abrangente, pois ele incide sobre operações de crédito, câmbio, seguro ou relativas a títulos ou valores imobiliários (Lei nº 5.172/1966, art. 63). Interessam para o presente livro as operações de câmbio. Nesse aspecto, o critério material do tributo é a efetiva entrega da moeda nacional ou estrangeira, ou documento de igual valor, em montante equivalente à moeda pela qual se deseja trocá-la. O critério temporal é o momento da

* *As outras alíquotas, definidas para os demais combustíveis, encontram-se no art. 5º da Lei nº 10.336/2001.*

liquidação da operação de câmbio e o critério espacial é o local onde se realiza essa operação, ou seja, qualquer instituição financeira autorizada pelo Banco Central.[23]

O sujeito passivo da obrigação tributária é aquele que comprar ou vender moeda estrangeira (ou seja, aquele que realiza a operação de câmbio) e o sujeito ativo é a União. Quanto ao valor efetivo a ser pago, tem-se como base de cálculo o montante em moeda nacional recebido, entregue ou posto à disposição[24]. A alíquota-base, conforme art. 5º da Lei nº 8.894/1994, é de 25%, muito embora se deva ressaltar que essa alíquota, tal como a do II, pode ser facilmente modificada pelo Poder Executivo, mas não além desse limite estabelecido.[25]

Em razão das características desse imposto, o IOF é recolhido no ato de realização da operação de câmbio. Além de não gerar crédito algum para o contribuinte, esse recolhimento é apenas condição indireta para que a importação se realize, já que a condição principal é justamente a realização da operação cambial.

2.4.4 *Taxa de Utilização do Siscomex*

Os tributos anteriormente mencionados têm natureza de impostos, uma vez que seu fato gerador é uma situação desvinculada de qualquer prestação do Estado. No entanto, o tributo cobrado pelo uso do Siscomex tem natureza de taxa, já que está vinculado à atividade estatal em benefício do próprio contribuinte, ou seja, o usuário do sistema. Trata-se de um tributo federal cuja base legal é a Lei nº 9.716/1998.

Sua hipótese de incidência tem, como critério material, a utilização do Siscomex e, como critério temporal, o registro da DI, conforme o art. 3º, § 1º, da Lei nº 9.716/1998. Dessa forma, o ambiente virtual do Siscomex é o local onde se gera a obrigação de recolher a taxa (critério espacial). Já a respeito dos sujeitos ativo e passivo do tributo, eles são os mesmos do II. Portanto, o imposto a ser pago para a União é devido pelo importador, pelo destinatário de remessa postal ou pelo adquirente de mercadoria entrepostada.[26]

Com relação ao valor da taxa, tem-se que sua base de cálculo, por disposição expressa de lei, é a própria DI, e não um valor monetário. Sendo assim, a alíquota incidente não é expressa por um percentual, mas por uma alíquota específica (valor fixo). Tal alíquota é determinada pelo art. 3º, § 1º, da Lei nº 9.716/1998, que define os seguintes valores: R$ 30,00 (trinta reais) por cada DI e R$ 10,00 (dez reais) por cada adição de mercadoria na DI. O recolhimento desses valores é efetuado, pelo contribuinte, durante o próprio registro da DI, por meio de débito em conta corrente.

2.4.5 *Taxa de Utilização do Mercante*

Esse tributo tem as mesmas características da Taxa de Utilização do Siscomex. A diferença é que se refere ao uso do Mercante, sistema de controle eletrônico de arrecadação do AFRMM. Trata-se de tributo federal, instituído pelo art. 37 da Lei nº 10.893/2004, mesma lei que instituiu o AFRMM. A hipótese de incidência do tributo ocorre, então, pelo uso do Mercante (critério material), no momento em que é efetuado o registro do AFRMM e efetuado seu pagamento (critério temporal). Dessa forma, o tributo nasce no próprio ambiente do Mercante (critério espacial). Os sujeitos ativo e passivo da taxa de utilização do Mercante são os mesmos que os do AFRMM, ou seja, a União e o consignatário da carga transportada. Por fim, o valor do tributo, nos termos do art. 37, § 1º, da lei acima citada, é expresso por meio de uma alíquota específica de R$ 50,00 por conhecimento de embarque do Mercante, que representa, portanto, a base de cálculo do tributo.[27] O recolhimento desse valor é feito por meio do próprio sistema, tal como ocorre com o AFRMM.

2.5 Imposto sobre Circulação de Mercadorias e Serviços

O ICMS é o principal imposto de âmbito estadual. A rigor, abrange vários impostos que, conseqüentemente, têm diversas hipóteses de incidência. Interessa, para o presente livro, o ICMS que incide sobre a importação (circulação de mercadorias iniciada no exterior), sobre a circulação de mercadorias dentro do território nacional e sobre os serviços de transporte – nesses dois últimos casos, pelo fato de que a importação pode ser realizada por importador residente em estado diferente daquele da entrada do produto no território nacional.[28]

A base legal do ICMS está no art. 155, II, da Constituição Federal, que define a competência estadual e distrital (no caso do Distrito Federal) para sua criação, na Lei Complementar nº 87/1996 (alterada pela Lei Complementar nº 114/2002) e também nas diversas legislações estaduais a respeito. Dessa forma, não existe um parâmetro objetivo, preciso e geral a respeito das situações em que haverá incidência de ICMS, especialmente quando um estado concede isenções ou estabelece alíquotas distintas para um produto que não recebe, em outro estado, idêntico tratamento.

No entanto, todos os entes da Federação devem respeitar os princípios da seletividade e da não-cumulatividade, já que se trata de determinação contida na Constituição. Importante ainda frisar que, igualmente por força constitucional (CF, art. 155, § 2º, X), o ICMS não pode ser cobrado nas operações destinadas ao exterior, ou seja, trata-se de uma imunidade relativa às exportações.

2.5.1 *Hipótese de incidência*

A hipótese de incidência do ICMS Importação tem, como critério material, a importação de qualquer bem estrangeiro. O ICMS passa a ser devido (critério temporal) no mesmo momento que o II, ou seja, a partir do registro da DI no Siscomex, já que seu recolhimento na Fazenda Estadual e sua posterior comprovação são requisitos para o desembaraço aduaneiro da mercadoria.[29] Sendo assim, o critério espacial do tributo é o próprio ambiente virtual do Siscomex.

No que se refere às hipóteses de incidência da circulação de mercadorias e do serviço de transporte, o imposto passa a ser devido quando ocorrem essas ações. Ou seja, o critério material é, respectivamente, a realização de operações com circulação de mercadoria e a prestação de serviços de transporte intermunicipal ou interestadual. O primeiro tem início com a saída da mercadoria do estabelecimento e o segundo, no momento em que começa o serviço.

2.5.2 Conseqüência jurídica

O sujeito passivo do ICMS é o importador, ou seja, aquele em nome de quem a importação é realizada. Com relação às demais hipóteses de incidência anteriormente mencionadas, os sujeitos passivos serão o comerciante, o industrial ou o produtor (ICMS sobre circulação interna de mercadorias) e o prestador do serviço (ICMS incidente sobre transporte intermunicipal ou interestadual). Nesses dois últimos casos, os sujeitos ativos serão, respectivamente, o estado onde estiver localizado o estabelecimento e o estado onde o serviço de transporte for iniciado. No que diz respeito ao sujeito ativo do ICMS Importação, existe uma discussão sobre quem é competente para arrecadar o tributo quando o importador está num estado e o desembaraço e a conseqüente entrada física da mercadoria ocorrem em outro. Nesse caso, prevalece o entendimento de que o ICMS é devido ao estado onde está localizado o importador do bem.[30]

A base de cálculo para definir o valor a ser recolhido a título de ICMS incidente sobre a importação está prevista na Lei Complementar nº 87/1996, ao passo que as alíquotas específicas são definidas na legislação de cada estado. A base de cálculo é o valor da mercadoria importada, acrescido de quaisquer outros impostos, taxas, contribuições e despesas aduaneiras incidentes, além do próprio ICMS. (Trata-se do que a doutrina chama de *cálculo por dentro do tributo*.) Sobre as demais hipóteses de incidência do ICMS, as bases de cálculo são, respectivamente, o valor da operação e o do serviço de transporte.

2.5.3 *Recolhimento do imposto*

Pelo fato de o ICMS ser um imposto estadual, não há uma forma única de efetuar seu recolhimento. Em geral, o pagamento é feito ou por meio de rede bancária (fato que será comprovado durante o despacho aduaneiro) ou por meio do próprio Siscomex, no caso de haver convênio entre a União e o estado.³¹ Por conta do princípio da não-cumulatividade, o ICMS* recolhido gera um crédito que pode ser usado na posterior saída tributada da mercadoria.³²

2.6 *Outras barreiras tarifárias na importação*

Além dos tributos incidentes sobre a importação de mercadorias anteriormente mencionados, há barreiras tarifárias que afetam as operações de comércio exterior. Trata-se, especificamente, das medidas de defesa comercial, como as *antidumping*, compensatórias e de salvaguarda. Essas medidas, que visam a proteger a indústria nacional de importações, encontram fundamento nos seguintes acordos da OMC: Acordo sobre *Antidumping*, Acordo sobre Subsídios e Medidas Compensatórias e Acordo sobre Salvaguarda.

Sua aplicação depende dos procedimentos internos de cada país – no Brasil, há uma regulamentação específica para cada caso.** Especificamente nas importações, elas integram a base de cálculo da maioria dos tributos mencionados acima. Além disso, os produtos sobre os quais é aplicada uma medida de defesa comercial estão sujeitos a licenciamento não-automático (Portaria Secex nº 36/2007, art. 9º).

---

* *Ashikaga (2005) apresenta, em detalhes, a sistemática de recolhimento do ICMS no Estado de São Paulo.*

** *Para saber mais detalhes sobre as medidas de defesa comercial, ver Barral e Brogini (2007).*

2.6.1 *Medidas antidumping*

O objetivo dessas medidas é atingir as importações que estejam sendo realizadas com a prática de *dumping*, o qual consiste na discriminação de preços em mercados nacionais distintos. Um exemplo seria uma empresa vender seu produto no mercado importador a um preço abaixo do estabelecido no mercado de origem. Se essa prática estiver causando ou ameaçando causar um prejuízo material à sua indústria nacional, o país importador pode usar as medidas *antidumping* como forma de contrabalançá-la. Elas se materializam na cobrança de valores adicionais (direitos *antidumping*) no momento da importação do produto.

A aplicação dessas medidas pressupõe a demonstração de três elementos fundamentais:

a) importação de produtos com *dumping*;
b) dano provocado à indústria nacional;
c) nexo de causalidade entre o *dumping* e o dano.

As condições acima são demonstradas por meio de processo administrativo, que, no caso do Brasil, é conduzido no âmbito do Departamento de Defesa Comercial (Decom), vinculado à Secretaria de Comércio Exterior (Secex). A decisão pela aplicação das medidas *antidumping*, no entanto, é da Câmara de Comércio Exterior (Camex).

Os direitos *antidumping* podem ser cobrados de duas formas básicas:

a) Por meio de alíquota *ad valorem* – Valor que se acrescenta a uma alíquota-base, que, no caso, é o valor aduaneiro do produto sob investigação.

b) Por meio de alíquota específica – Valor específico para o produto, fixado em dólares norte-americanos e convertido para a moeda nacional.

2.6.2 *Medidas compensatórias*

As medidas compensatórias são destinadas a proteger a indústria nacional contra a concessão de subsídios pelo país exportador. De forma geral, para que se configure a hipótese em que tais medidas são autorizadas, uma contribuição financeira deve ser conferida a uma empresa ou setor industrial específico. A caracterização dos subsídios* como ilegais dependerá, portanto, da especificidade do auxílio estatal.

A aplicação de uma medida compensatória pressupõe a demonstração de três elementos fundamentais:

a) a importação de produtos subsidiados;
b) dano provocado à indústria nacional;
c) nexo de causalidade entre a concessão do subsídio e o dano.

Essas condições devem ser demonstradas por meio de processo administrativo conduzido pelo Decom, sendo de competência da Camex a decisão sobre a aplicação da medida. Os direitos compensatórios podem ser cobrados de duas formas: por meio de alíquota *ad valorem* ou por meio de alíquota específica. Em qualquer situação, serão devidos, como ocorre nos direitos *antidumping*, quando do registro da DI no Siscomex.

* *Trata-se, aqui, dos mesmos subsídios mencionados no Capítulo 1.*

2.6.3 *Medidas de salvaguarda*

As medidas de salvaguarda* são destinadas a conferir uma proteção temporária para as indústrias nacionais que estejam sendo afetadas por um surto repentino de importações de produtos concorrentes. A aplicação de uma medida de salvaguarda requer a demonstração de três condições:

a) aumento repentino e acentuado das importações;
b) grave prejuízo provocado à indústria nacional;
c) nexo de causalidade entre o aumento das importações e o prejuízo.

Essas condições devem ser demonstradas por meio de processo administrativo conduzido pelo Decom, sendo da Camex a decisão sobre a aplicação da medida, que pode assumir as seguintes formas: alíquota *ad valorem*, alíquota específica ou restrição quantitativa (cota).

2.7 *Imposto de Exportação*

Em virtude das imunidades constitucionais, analisadas no capítulo anterior, houve uma grande redução da carga tributária incidente sobre as exportações. Atualmente, incide sobre essas operações, envolvendo produtos nacionais ou nacionalizados, o IE, tributo de competência federal previsto no art. 153, II, da Constituição. A sua base legal encontra-se no CTN, no Regulamento Aduaneiro (arts. 212 e seg.) e em diversas outras normas, especialmente o Decreto-Lei nº 1.578/1977.

No que se refere à hipótese de incidência, o IE tem como critério material a exportação de produtos nacionais ou es-

* *Para saber mais detalhes sobre as medidas de salvaguarda, ver Barral e Brogini (2007).*

trangeiros. Não resta dúvidas de que o verbo *exportar* significa "portar para fora". Quanto ao complemento, igualmente não há dúvidas de que se trata de bens, seguindo-se a mesma linha de raciocínio mencionada na análise do II.

Quanto ao momento em que ocorre o fato gerador (critério temporal), o IE passa a ser devido a partir do registro da Declaração de Exportação (DE) no Siscomex, primeira etapa do processo de despacho aduaneiro. Assim, o critério espacial é o próprio ambiente virtual do Siscomex. Ressalte-se, contudo, que há dispensa do registro da exportação no caso de operações não-tributadas.[33]

Uma vez configurada a hipótese de incidência da norma tributária, nasce a obrigação de recolher o IE. Deve-se, então, caracterizar os sujeitos passivo e ativo e o valor a ser recolhido. Uma vez que se trata de um imposto federal, o sujeito ativo é a União. O sujeito passivo é o exportador, definido pelo art. 5º do Decreto-Lei nº 1.578/1977 como sendo qualquer pessoa que promova a saída de produtos do território nacional.

Quanto à definição do valor do imposto, tem-se que a base de cálculo é o preço normal que o produto, ou um similar, alcançaria em uma venda em condições de livre concorrência no mercado internacional. Como regra, o preço em questão deve ser o preço FOB*, muito embora também sejam previstos, no mesmo decreto-lei acima citado, outros critérios de aferição para os casos em que sua determinação não seja factível ou haja alguma espécie de fraude.[34]

Quanto à alíquota, o padrão estabelecido pela legislação é de 30%. Porém, o Poder Executivo pode alterá-la para atender a objetivos de política fiscal e/ou comercial. Dessa forma, os 30% representam apenas um teto que não se pode

* *A sigla FOB (Free on Board) é um dos termos mais usados em contratos internacionais de comércio. Por meio dele, o vendedor (exportador) compromete-se a colocar o produto a bordo do navio, arcando com todos os gastos até aí incorridos.*

ultrapassar.[35] Assim como ocorre no caso do II, a flexibilidade para a alteração da alíquota do IE é um elemento essencial para que o país possa dar respostas imediatas aos imperativos de sua política.

neficios
cais de
cais de
nbito g
o comé

3

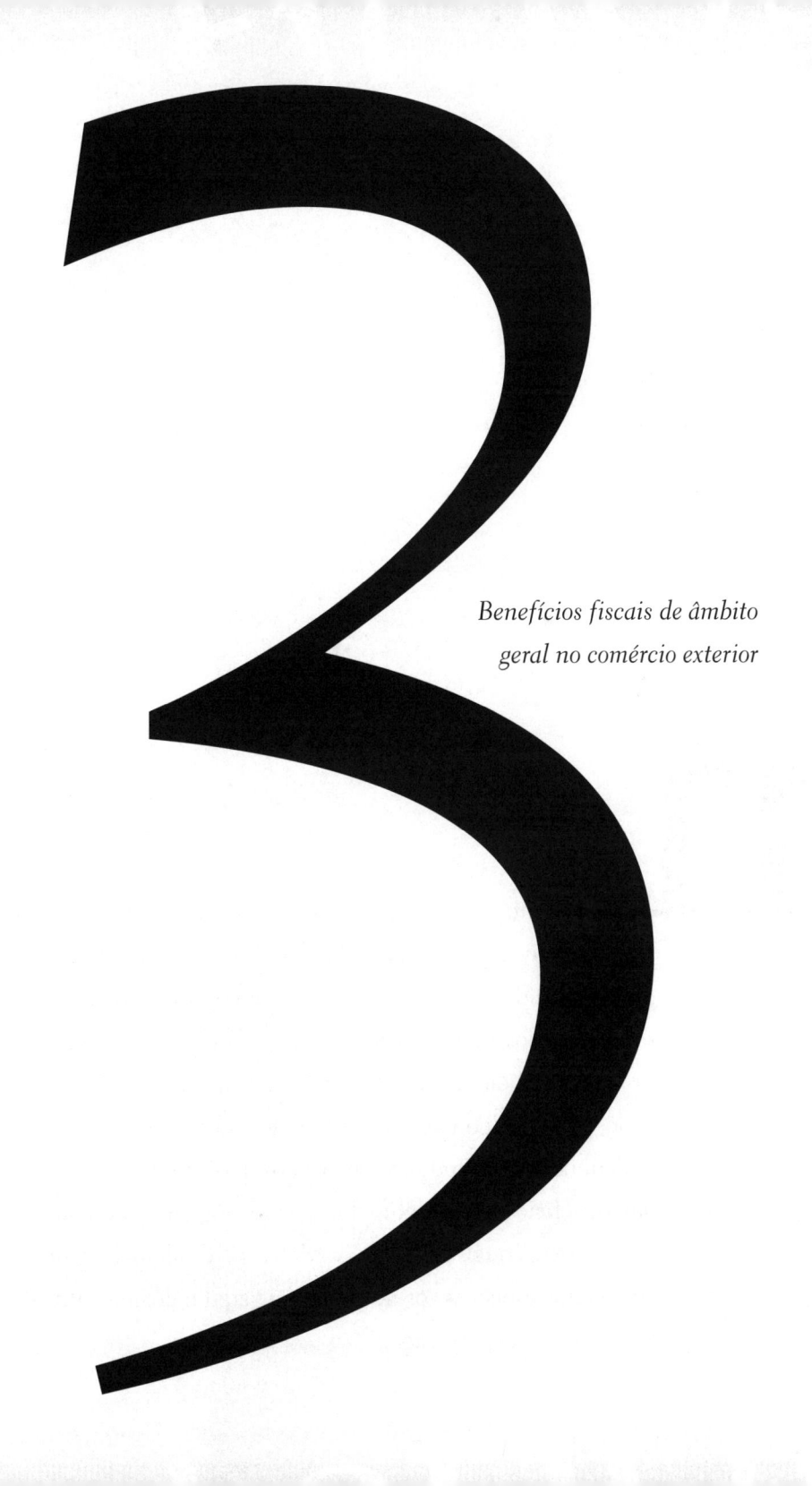

Benefícios fiscais de âmbito geral no comércio exterior

neste terceiro capítulo, começa-se a analisar os benefícios fiscais relativos às operações de comércio exterior, tema que será concluído no quarto e último capítulo da obra. Aqui, são abordados os benefícios fiscais de âmbito geral, sendo assim entendidos aqueles que não se restringem a determinado setor da economia ou região geográfica. Ao contrário, podem beneficiar todos os envolvidos. Basicamente, trata-se dos benefícios decorrentes dos acordos regionais de comércio, dentre os quais se destaca o Mercosul, de alguns regimes aduaneiros especiais (os de aplicação geral) e dos incentivos financeiros à exportação.

3.1 *Benefícios decorrentes de acordos regionais de comércio*

Os acordos regionais de comércio são constituídos por meio de tratados internacionais entre os Estados de determinada região geográfica. Têm como finalidade promover o livre comércio entre os países dessa região, por meio da redução gradual, com vistas à eliminação, das barreiras tarifárias e não-tarifárias existentes entre eles.

Inúmeros são os acordos regionais de comércio em vigor no mundo. No caso daqueles que envolvem o Brasil, merecem destaque a Aladi e o Mercosul. O benefício fiscal propiciado em decorrência de ambos é a redução das alíquotas do II para produtos provenientes de países dessas regiões, conforme se descreve a seguir.

3.1.1 *Associação Latino-Americana de Integração*

A Aladi foi criada em 1980 por meio do Tratado de Montevidéu. Atualmente, é formada pelos seguintes países: Argentina, Bolívia, Brasil, Chile, Colômbia, Cuba, Equador, México, Paraguai, Peru, Uruguai e Venezuela. Tem como objetivo de longo prazo o estabelecimento, de forma gradual e progressiva, de um mercado comum latino-americano. Para tanto, criou-se uma área de preferências econômicas, composta por preferências tarifárias regionais, acordos de alcance regional e acordos de alcance parcial.

Essas preferências representam exceções à regra de que o II cobrado pelo Brasil sobre produtos que ingressam no seu território é uniforme. Em outras palavras, as importações

* *Para mais informações a respeito das alíquotas vigentes no âmbito da Aladi, consultar o site oficial da organização: <http://nt5000.aladi.org/sii/menu pagsinternasp/marcossiip.htm>.*

** *Politicamente, a Venezuela já pode ser considerada o quinto membro do Mercosul, já que teve seu pedido de adesão ao bloco aprovado pelos demais membros. No entanto, essa adesão somente se efetivará quando o pedido venezuelano for aprovado pelos*

provenientes dos países mencionados acima estão sujeitas a alíquotas menores.* Esse é justamente o benefício fiscal concedido por meio desse acordo.

É importante que se mencione que os benefícios de redução tarifária somente serão aplicados se os produtos estiverem acompanhados dos respectivos certificados de origem (Portaria nº 36/2007, art. 194, da Secex). O certificado de origem nada mais é do que o documento que atesta a procedência da mercadoria que está sendo comercializada entre países que mantêm um acordo de cooperação econômica. Ele se faz necessário justamente para evitar que mercadorias procedentes de países que não integram a Aladi entrem no Brasil pagando também impostos mais baixos. Normalmente, é emitido por associações comerciais e/ou empresariais dos produtores de cada país.

3.1.2 *Mercado Comum do Sul*

O Mercosul é um dos acordos de alcance parcial assinados no âmbito da Aladi. Foi criado em março de 1991 por meio da assinatura do Tratado de Assunção. Trata-se de uma associação entre países da América do Sul, atualmente formada por Brasil, Argentina, Paraguai e Uruguai.** O objetivo inicial do Mercosul era a criação, a partir do início de 1995, de um mercado comum entre esses países, para que pudesse haver não apenas a livre circulação de mercadorias como também a de pessoas e de serviços. Apesar de não ter sido alcançada no prazo – e, de resto, nem até o presente momento –, essa meta ainda permanece válida.

Como primeira etapa desse processo, os quatro países

estabeleceram um programa de liberalização comercial, que consiste justamente num cronograma para redução das barreiras, tarifárias e não-tarifárias, no comércio dentro do bloco. Criou-se, assim, uma sistemática de preferências cuja desgravação tarifária é muito mais acentuada do que a que se verifica na Aladi. No caso do Mercosul, a maioria dos produtos que circula entre os países já está sujeita, em termos de II, à alíquota zero.* Assim como ocorre no caso da Aladi, os importadores que desejam obter os benefícios decorrentes do Mercosul precisam instruir seus pedidos de importação com os respectivos certificados de origem (Portaria nº 36/2007, art. 47).

parlamentos de todos os quatro países (no caso do Brasil, a aprovação é feita pelo Congresso Nacional).

3.2 Regimes aduaneiros especiais

Os regimes aduaneiros especiais são aqueles que se diferenciam do regime comum de importação e de exportação, em virtude dos benefícios tributários relativos aos impostos incidentes sobre o comércio exterior e, ainda, do controle aduaneiro sobre os bens objeto da operação.[1] Como se fez alusão no início deste capítulo, serão analisados aqui alguns desses regimes, especificamente aqueles que têm aplicação geral. Entre eles, citam-se: Trânsito Aduaneiro, Admissão Temporária, *Drawback*, Entreposto Aduaneiro, Loja Franca, Depósito Especial, Depósito Afiançado, Depósito Alfandegado Certificado, Depósito Franco e Exportação Temporária.

* *Para mais informações sobre o Programa de Liberalização Comercial, ver o site: <http://www.mdic.gov.br>. Para mais informações sobre o Mercosul, ver o site: <http://www.mercosur.int/msweb/portal%20intermediario/pt/index.htm>.*

3.2.1 Trânsito Aduaneiro

O regime especial de Trânsito Aduaneiro está relacionado,

como o próprio nome sugere, com o trânsito de mercadoria estrangeira pelo território de determinado país, sem que haja a incidência de tributos que normalmente seriam exigidos numa operação de importação. Sua existência justifica-se pelo fato de que, muitas vezes, torna-se necessária, no transporte do produto entre o país exportador e o importador, a travessia por território de outros países que não têm relação alguma com aquela transação.

Se fossem adotados os procedimentos normais, os produtos estrangeiros teriam de ser nacionalizados em cada país pelo qual passassem e, depois, submetidos a processo de exportação. Durante essas operações, incidiriam todos os tributos relativos ao comércio exterior e, além disso, seria despendido um tempo maior para completar a operação. Por conta disso[2], e também para não comprometer o controle dos bens que adentram no território de cada país, é que foram criados mecanismos para agilizar e facilitar a passagem e, especialmente, para desonerar a operação comercial.*

O art. 270 do Regulamento Aduaneiro (Decreto nº 4.543/2002) aponta quais são as modalidades desse regime.

* No Brasil, o Trânsito Aduaneiro está previsto, basicamente, no Regulamento Aduaneiro (Decreto nº 4.543/2002, art. 267).

[...]

Art. 270. São modalidades do regime de trânsito aduaneiro:

I – o transporte de mercadoria procedente do exterior, do ponto de descarga no território aduaneiro até o ponto onde deva ocorrer outro despacho;

II – o transporte de mercadoria nacional ou nacionalizada, verificada ou despachada para exportação, do local de origem ao local de destino, para embarque ou para armazenamento em área alfandegada para posterior embarque;

III – o transporte de mercadoria estrangeira despachada para reexportação, do local de origem ao local de destino, para embarque ou armazenamento em área alfandegada para posterior embarque;

IV – o transporte de mercadoria estrangeira de um recinto alfandegado situado na zona secundária a outro;

V – a passagem, pelo território aduaneiro, de mercadoria procedente do exterior e a ele destinada;

VI – o transporte, pelo território aduaneiro, de mercadoria procedente do exterior, conduzida em veículo em viagem internacional até o ponto em que se verificar a descarga; e

VII – o transporte, pelo território aduaneiro, de mercadoria estrangeira, nacional ou nacionalizada, verificada ou despachada para reexportação ou para exportação e conduzida em veículo com destino ao exterior.

[...]

Resumindo, portanto, o regime especial de Trânsito Aduaneiro é aquele concedido com o intuito de permitir, sob controle aduaneiro e por tempo determinado, o transporte de produto estrangeiro ou desnacionalizado dentro do território nacional com o benefício da suspensão dos tributos incidentes sobre a operação (no caso, tanto de importação quanto de exportação). Ele pode ser aplicado nos seguintes casos[3]:

a) Transporte de passagem de bem vindo do exterior e destinado a outro país.

b) Transporte de bem importado, de uma unidade aduaneira a outra, a fim de promover o despacho de importação na segunda.

c) Transporte de produto despachado para exportação, da unidade aduaneira de despacho para a unidade aduaneira de efetiva exportação.

d) Transporte de produto estrangeiro ou desnacionalizado que tenha sido ou esteja destinado a ser objeto de outro regime aduaneiro especial.

Em relação ao trânsito* em si, poderá ser terrestre, aéreo ou marítimo.[4]

* *Naturalmente, pode haver a combinação deles, como ocorre no caso do transporte multimodal. Sobre o assunto, ver o Decreto nº 3.411/2000, alterado pelo Decreto nº 5.276/2004, que regulamenta a Lei nº 9.611/1998.*

3.2.1.1 *Aplicação do regime*

Alguns procedimentos devem ser observados no que diz respeito à aplicação do Trânsito Aduaneiro. Uma primeira observação que se deve fazer diz respeito ao tipo de despacho aduaneiro, que inclui, como em qualquer transação, as fases de registro da declaração pertinente, de conferência e de despacho aduaneiros. Para as importações "normais", destinadas ao mercado brasileiro, realiza-se despacho para consumo. No caso desse regime especial, sua aplicação pressupõe um despacho para trânsito.

Conforme a Instrução Normativa nº 248/2002 da Receita Federal, o despacho aduaneiro para trânsito será processado com base em uma das seguintes declarações:

a) Declaração de Trânsito Aduaneiro (DTA);
b) Manifesto Internacional de Carga – Declaração de Trânsito Aduaneiro (MIC/DTA);
c) Conhecimento-Carta de Porte Internacional – Declaração de Trânsito Aduaneiro (TIF/DTA);
d) Declaração de Trânsito de Transferência (DTT);
e) Declaração de Trânsito de Contêiner (DTC).

Além disso, foi criada recentemente a Declaração de Trânsito Aduaneiro Internacional Brasil-Venezuela (DTAI).

O despacho aduaneiro para trânsito é, em regra, processado com base na DTA, cujo processamento, de acordo com o próprio Regulamento Aduaneiro, depende de normas estabelecidas pela Receita Federal. A DTA ampara os trânsitos aduaneiros: (i) de entrada ou de passagem comum, estando sujeita a carga à emissão de fatura comercial ou (ii) de entrada ou de passagem especial, em que não se exige a emissão de fatura comercial para a carga. Trata-se da declaração padrão, que será sempre utilizada caso o trânsito da mercadoria em território nacional não dependa de outra das declarações mencionadas acima.

A MIC/DTA foi criada pela IN nº 56/1991 da Receita Federal, em virtude dos acordos do Mercosul. É obrigatória em viagens internacionais entre o Brasil e países do Mercosul.

[...]
Art. 2.1 O MIC/DTA constitui-se em documento necessário aos despachos aduaneiros de

importação, exportação e de regimes aduaneiros especiais e atípicos, quando as mercadorias tiverem sido objeto de transporte internacional rodoviário, iniciado a partir de 01 de novembro de 1991, entre Brasil e países do Mercosul.
[...]

A TIF/DTA foi instituída pelo art. 4º da IN nº 12/1993 da Receita Federal, sendo de uso obrigatório em viagens internacionais por via ferroviária entre o Brasil e os demais países integrantes do Cone Sul (Argentina, Bolívia, Chile, Paraguai, Peru e Uruguai). A DTT, por sua vez, ampara, conforme o art. 5º da IN nº 248/2002, as operações de Trânsito Aduaneiro que envolvam as transferências, não acobertadas por conhecimento de transporte internacional, de materiais de companhias aéreas, ou de consumo de bordo, entre depósitos afiançados da mesma companhia; mercadorias entre lojas francas ou seus depósitos; mercadorias vendidas pelas lojas francas a empresas de navegação aérea ou marítima e destinadas a consumo de bordo ou venda a passageiros; mercadorias já admitidas em regime de entreposto aduaneiro, entre recintos alfandegados; mercadorias armazenadas em estação aduaneira interior (porto seco) e destinadas a feiras em recintos alfandegados por tempo determinado, com posterior retorno ao mesmo porto seco; carga nacional com locais de origem e destino em unidades aduaneiras nacionais, com passagem por território estrangeiro; mercadoria admitida no regime de Depósito Alfandegado Certificado com destino ao local de embarque ou transposição de fronteira, entre outros.

Quanto à DTC, ela ampara as operações de transferência

de contêineres, contendo carga, descarregados do navio no pátio do porto e destinados a armazenamento em recinto alfandegado jurisdicionado à mesma unidade da Receita Federal.

Por fim, tem-se a DTAI, instituída pela IN nº 569/2005 da Receita Federal. A teor do seu art. 3º, somente será aceita a DTAI apresentada por transportador, nacional ou estrangeiro, com habilitação, original ou complementar, outorgada pela Agência Nacional de Transportes Terrestres (ANTT), do Ministério dos Transportes, para operar transporte internacional por rodovia entre o Brasil e a Venezuela.

Em qualquer situação, o registro da DTA no Siscomex caracteriza o início do despacho de Trânsito Aduaneiro (IN nº 248/2002, art. 35). O art. 36 dessa mesma instrução normativa cita as condições para esse registro:

> [...]
> Art. 36. São condições para o registro da declaração de trânsito, além de outras estabelecidas nesta Instrução Normativa e gerenciadas automaticamente pelo sistema:
> I – a chegada da carga;
> II – a disponibilidade da carga no Siscomex;
> III – o preenchimento de todos os dados obrigatórios;
> IV – a existência de saldo suficiente na conta corrente de garantia para acobertar o Trânsito Aduaneiro solicitado; e
> V – a regularidade da habilitação do transportador.
> [...]

Uma vez feito o registro da declaração, o beneficiário deverá apresentar, para fins do despacho, o extrato da DTA (que pode ser impresso diretamente via Siscomex) acompanhado de vários documentos comprobatórios, que variam de acordo com o tipo da declaração. Entre os principais, estão a cópia legível do conhecimento de transporte internacional e a da fatura comercial (IN n° 248/2002, art. 37).

Recebidos os documentos, haverá seleção para fins de conferência aduaneira. Mencione-se, nesse aspecto, que o regime de Trânsito Aduaneiro será concedido automaticamente caso a declaração não seja selecionada para essa conferência (IN n° 248/2002, art. 45, § 2°), que, nos casos em que for realizada, ocorrerá em duas etapas: exame documental e verificação física da carga (IN n° 248/2002, art. 42). O regime será concedido pelo auditor fiscal da Receita Federal responsável, após a realização da conferência (IN n° 248/2002, art. 45). Esse mesmo auditor será responsável pelo desembaraço de trânsito (IN n° 248/2002, art. 49). Convém destacar que, ao conceder o regime, o auditor estabelecerá a rota a ser cumprida, os prazos para a execução da operação e para comprovação da chegada da mercadoria ao destino, e adotará as cautelas julgadas necessárias à segurança fiscal (Decreto n° 4.543/2002, art. 281).*

Finalizado o despacho de trânsito, por meio do desembaraço, torna-se legalmente autorizado o transporte da mercadoria pelo território nacional, com o benefício da suspensão de tributos. O transportador, porém, deve firmar o Termo de Responsabilidade para Trânsito Aduaneiro (TRTA) quanto ao cumprimento das obrigações fiscais suspensas em decorrência da aplicação do regime, com validade de três

---

* *Quando da solicitação do regime, no entanto, o transportador ou o beneficiário pode propor rota e prazo para o transporte que quer realizar, conforme o art. 26, § 1°, da IN n° 248/2002.*

anos, a ser apresentado à unidade de fiscalização aduaneira (IN nº 248/2002, art. 20). Além disso, segundo o art. 52 da IN nº 248/2002, o transportador deverá levar consigo, em todo o percurso até a unidade de destino, o Certificado de Desembaraço para Trânsito Aduaneiro (CDTA).

Assim que as operações de trânsito forem concluídas, por meio do ingresso da mercadoria importada no recinto alfandegado inicialmente indicado, cessa o regime especial de Trânsito Aduaneiro. No entanto, caso sejam constatados indícios de violação durante o período do trânsito ou divergências quanto à mercadoria, poderão ser cobrados os tributos relativos a essa avaria e, se necessário, ser executado o termo de responsabilidade assinado pelo transportador (IN nº 248/2002, arts. 64 a 66).

3.2.2 Admissão Temporária

O regime aduaneiro especial de Admissão Temporária é aquele que permite a importação de bens que devam permanecer no país durante um prazo fixado, com suspensão total do pagamento de tributos, ou com suspensão parcial, no caso de utilização econômica (Decreto nº 4.543/2002, art. 306). Conforme Meira, essa importação pode envolver bens estrangeiros destinados a eventos culturais (como exposições de obras de arte), científicos ou comerciais (como feiras de automóveis e de informática), competições desportivas (como corrida de carros ou de cavalos), veículos e bens de turistas estrangeiros etc.[5] Importante que se mencione, desde já, que a operação inversa, ou seja, o envio de produtos brasileiros para que permaneçam no exterior por prazo certo e depois retornem ao país, dá-se mediante o regime aduaneiro especial de Exportação Temporária, que será visto adiante.

Note-se que a principal diferença entre os regimes de Trânsito Aduaneiro e de Admissão Temporária diz respeito ao objetivo de cada um deles. O primeiro tem por finalidade permitir o transporte de bem estrangeiro ou desnacionalizado no território nacional sem o pagamento dos tributos incidentes sobre a importação. No segundo, a suspensão do pagamento dos tributos, total ou parcialmente, é concedida por outros motivos, como o uso dos bens em exposições, feiras e pesquisas científicas ou mesmo sua utilização econômica.[6]

Da mesma forma como ocorre com a maioria dos regimes aduaneiros especiais, o regime de Admissão Temporária tem sua previsão legal no Regulamento Aduaneiro e em normas complementares, sobretudo as da Receita Federal (como é o caso da IN nº 285/2003). Como se pode observar da definição contida no parágrafo anterior, comporta duas espécies:

> a) A que prevê suspensão total de tributos no caso de importação de bens que devam permanecer por prazo limitado no Brasil.
> b) A que prevê suspensão parcial de tributos, no caso de importação de bens para utilização econômica.

Note-se que os benefícios são distintos: no primeiro caso, opera-se verdadeira isenção; no segundo, o que se tem é a redução dos tributos.

3.2.2.1 *Admissão com suspensão total de tributos*

Inicialmente, frise-se que esse regime se aplica a bens: importados em caráter temporário e sem cobertura cambial; adequados à finalidade para a qual foram importados; utilizáveis em conformidade com o prazo de permanência e com a finalidade constantes do ato concessivo (IN nº 285/2003, art. 2º). Já com relação à destinação desses bens, para fins de aplicação do regime, há inúmeras hipóteses, descritas pelo art. 4º da instrução normativa supracitada:

> [...]
> Art. 4º Poderão ser submetidos ao regime de admissão temporária com suspensão total do pagamento dos tributos incidentes na importação, os bens destinados:
> I – a feiras, exposições, congressos e outros eventos científicos ou técnicos;
> II – a pesquisa ou expedição científica, desde que relacionados em projetos previamente autorizados pelo Conselho Nacional de Ciência e Tecnologia;
> III – a espetáculos, exposições e outros eventos artísticos ou culturais;
> IV – a competições ou exibições esportivas;
> V – a feiras e exposições, comerciais ou industriais;
> VI – a promoção comercial, inclusive amostras sem destinação comercial e mostruários de representantes comerciais;
> VII – à prestação, por técnico estrangeiro, de assistência técnica a bens importados, em virtude de garantia;
> VIII – à reposição e conserto de:

a) embarcações, aeronaves e outros veículos estrangeiros estacionados no território nacional, em trânsito ou em regime de admissão temporária; ou

b) outros bens estrangeiros, submetidos ao regime de admissão temporária;

IX – à reposição temporária de bens importados, em virtude de garantia;

X – a seu próprio beneficiamento, montagem, renovação, recondionamento, acondicionamento ou reacondicionamento [sic];

XI – ao acondicionamento ou manuseio de outros bens importados, desde que reutilizáveis;

XII – à identificação, acondionamento [sic] ou manuseio de outros bens, destinados à exportação;

XIII – à reprodução de fonogramas e de obras audiovisuais, importados sob a forma de matrizes;

XIV – a atividades temporárias de interesse da agropecuária, inclusive animais para feiras ou exposições, pastoreio, trabalho, cobertura e cuidados da medicina veterinária;

XV – a assistência e salvamento em situações de calamidade ou de acidentes de que decorram de dano ou ameaça de dano à coletividade ou ao meio ambiente;

XVI – ao exercício temporário de atividade profissional de não residente;

XVII – ao uso do imigrante, enquanto não

obtido o visto permanente;

XVIII – ao uso de viajante não residente, desde que integrantes de sua bagagem;

XIX – à realização de serviços de lançamento, integração e testes de sistemas, subsistemas e componentes espaciais, previamente autorizados pela Agência Espacial Brasileira; e

XX – à prestação de serviços de manutenção e reparo de bens estrangeiros, contratada com empresa sediada no exterior.

[...]

Essa modalidade de Admissão Temporária está, portanto, associada às finalidades mais diversas de intercâmbio entre os países. Quanto à finalidade cultural e científica, ela abrange tanto a admissão de bens a serem usados em pesquisas culturais e científicas quando a daqueles destinados a feiras e exposições artísticas, culturais e científicas e à montagem de espetáculos. No que se refere à finalidade desportiva, contempla os produtos destinados a competições ou exibições desportivas. Quanto à finalidade política, trata-se dos bens trazidos por autoridades estrangeiras em visita ao Brasil, como, por exemplo, equipamentos destinados à segurança dos presidentes de outros países.[7]

Pode ser que a finalidade da Admissão Temporária seja atender ao interesse público. Assim, são previstas importações de bens necessários à consecução de obras ou trabalhos de interesse público no Brasil. Conforme esclarece Meira, tem-se como exemplos a admissão temporária de máquinas que não existem no país e são necessárias à realização de certas obras públicas; de equipamentos a serem usados na contenção de calamidades ou em emergências; de produtos importados para emprego em testes ou lançamentos de satélites, bem como de bens importados para uso em serviços de caráter humanitário. Há ainda a concessão do regime de Admissão Temporária com finalidade comercial. Tal é o caso dos produtos que serão exibidos em feiras e exposições comerciais ou industriais, exposições agropecuárias, desfiles de moda e outros eventos.[8]

Por fim, merece atenção a Admissão Temporária que tem como finalidade permitir a entrada e a locomoção de veículos estrangeiros e bens de viajantes, de tal sorte a promover a integração entre o Brasil e os países vizinhos. O Regulamento Aduaneiro esclarece que os veículos de uso particular exclusivos de turistas residentes nos países integrantes do Mercosul circularão livremente no país, com observância das normas comunitárias correspondentes, dispensado o cumprimento de formalidades aduaneiras. É necessário, nesse sentido, que os veículos admitidos sejam conduzidos pelo proprietário ou por pessoa por ele autorizada e não portem mercadorias que, pela quantidade ou características, façam supor finalidade comercial. O mesmo artigo esclarece ainda como será feita a comprovação tanto do veículo quanto do condutor (Decreto nº 4.543/2002, art. 309).

Para que o regime seja concedido, é necessário que haja pedido do interessado, que, quando da concessão do benefício, deverá assinar termo de responsabilidade (IN nº 285/2003, arts. 7º e 8º). Esse pedido deve ser feito por meio de documentos específicos, elencados no art. 9º da instrução normativa acima citada:

[...]

Art. 9º O regime de admissão temporária será concedido a pedido do interessado, pessoa física ou jurídica, que promova a importação do bem.

§ 1º Para os casos de importação de bens na forma do art. 4º, a solicitação do regime far-se-á com base em:

I – Requerimento de Concessão do Regime (RCR), de acordo com o modelo constante do Anexo II, no caso de bens vinculados a contratos de arrendamento operacional, de aluguel, de empréstimo ou de prestação de serviços;

II – Declaração de Bagagem Acompanhada (DBA), no caso de bens conduzidos por viajante não residente; ou

III – Declaração Simplificada de Importação (DSI), no caso de bens que não se enquadrem nas condições dos incisos I e II.

[...]

Da mesma forma como ocorre nos demais regimes especiais, faz-se necessária a realização de despacho aduaneiro, que, nesse caso, não será nem de consumo, nem de trânsito, mas de admissão. Esse despacho tem início com base na DSI ou na DBA, conforme o caso, que deverá ser registrada no Siscomex. A DSI deverá ser instruída com os seguintes documentos: conhecimento de carga ou documento equivalente; fatura *pro forma*, quando for o caso; cópia do RCR deferido pela autoridade aduaneira, se for o caso, e termo de responsabilidade correspondente ao valor dos impostos suspensos (IN nº 285/2003, art. 12).

Outrossim, compete ao titular da unidade da Receita Federal responsável pelo despacho aduaneiro a concessão do regime de Admissão Temporária e a fixação do prazo de permanência dos bens no país, bem como a sua prorrogação. É fundamental que se mencione, nesse aspecto, que, em caso de indeferimento tanto do pedido de concessão do regime quanto do pedido de prorrogação de sua vigência, caberá, no prazo de até trinta dias, a apresentação de recurso voluntário, em última instância, à autoridade hierarquicamente superior à que proferiu a decisão (IN nº 285/2003, art. 10, *caput* e § 6º).

Convém destacar ainda, por oportuno, que a IN nº 747/2007 da Receita Federal estabelece um procedimento simplificado para a concessão do regime de Admissão Temporária de recipientes, embalagens, envoltórios, carretéis, separadores, *racks*, *clip locks*, termógrafos e outros bens destinados ao transporte, acondicionamento, preservação, manuseio ou registro de variações de temperatura de mercadoria importada, exportada, a importar ou a exportar. Para se beneficiar desse procedimento, faz-se necessária a habilitação da empresa interessada na Receita Federal.

O regime de Admissão Temporária se extingue, segundo o Decreto nº 4.543/2002, art. 319, e a IN nº 285/2003, art. 15, nos seguintes casos:

> [...]
>
> Art. 15. O regime de admissão temporária se extingue com a adoção de uma das seguintes providências, pelo beneficiário, dentro do prazo

fixado para a permanência do bem no País:

I – reexportação;

II – entrega à Fazenda Nacional, livre de quaisquer despesas, desde que a autoridade aduaneira concorde em recebê-lo;

III – destruição, às expensas do beneficiário;

IV – transferência para outro regime aduaneiro, nos termos da Instrução Normativa SRF n° 121, de 11 de janeiro de 2002; ou

V – despacho para consumo.

[...]

Em qualquer caso, a adoção das providências com vistas à extinção do regime deve ser solicitada pelo interessado, dentro do prazo de vigência, à unidade da Receita Federal com jurisdição sobre o local onde estiverem os bens.

No caso de extinção por meio de despacho para consumo, o beneficiário do regime deverá providenciar o recolhimento de todos os tributos que foram suspensos em virtude da concessão da Admissão Temporária. O que se estabelece em termos de vantagem nesse aspecto é que não haverá incidência de multa caso o despacho seja solicitado durante o período de vigência do regime.

3.2.2.2 *Admissão para utilização econômica*

Essa segunda modalidade de Admissão Temporária contempla, como benefício, a redução dos tributos incidentes sobre a importação, que serão recolhidos proporcionalmente ao tempo de permanência do bem no país. O Regulamento

Aduaneiro esclarece que esse regime será concedido quando o produto importado for empregado na prestação de um serviço ou na produção de outro bem (Decreto nº 4.543/2002, art. 324, *caput* e § 1º).

Existem, no entanto, importantes exceções a essa proporcionalidade. Essa modalidade também pode ser concedida sem que haja necessidade de recolhimento de tributo algum, nos seguintes casos, conforme o art. 328 do Decreto nº 4.543/2002:

> [...]
> Art. 328. I - até 31 de dezembro de 2020:
> a) aos bens destinados às atividades de pesquisa e de lavra das jazidas de petróleo e de gás natural no âmbito do Reporto;
> b) às aeronaves, classificadas na posição 88.02 da NCM, quando arrendadas por empresa concessionária de linha regular de transporte aéreo;
> II – até 4 de outubro de 2013, aos bens importados temporariamente e para utilização econômica por empresas instaladas na Zona Franca de Manaus.
> [...]

Além dessas situações, estão contemplados ainda os bens importados em caráter temporário citados no art. 6º, § 2º, da IN nº 285/2003:

> [...]
> Art. 6. § 2º O pagamento proporcional dos

impostos incidentes de que trata este artigo não se aplica aos bens importados em caráter temporário:

a) pela Itaipu Binacional, para utilização exclusiva na Central Elétrica de Itaipu;

b) pelos executores do Projeto do Gasoduto Brasil-Bolívia, ou por empresa por eles contratada para esse fim, nos termos dos artigos 2º e 3º do Acordo promulgado pelo Decreto nº 2.142, de 5 de fevereiro de 1997;

c) para serem utilizados em projetos específicos decorrentes de acordos internacionais firmados pelo Brasil, identificados em ato declaratório da Coordenação-Geral de Administração Aduaneira (Coana);

[...]

Quanto aos procedimentos para a concessão do regime, é necessário que seja feito o pedido por aquele que estiver promovendo a importação do bem. Para essa modalidade, o pedido é feito exclusivamente com base no Requerimento de Concessão do Regime (RCR), conforme o art. 9º, § 2º, da IN nº 285/2003. Da mesma maneira como ocorre na outra modalidade, o beneficiário deve assinar o termo de responsabilidade. Mas deve também, na maioria dos casos, prestar garantia em valor equivalente ao montante dos tributos suspensos.

O início do despacho de admissão será feito com base no registro da DI no Siscomex.* A DI deverá ser instruída com os seguintes documentos: conhecimento de carga ou documento equivalente, fatura *pro forma*, quando for o caso,

* *Se a importação for sujeita a licenciamento não-automático, o Licenciamento para Importação deve ser providenciado antes do registro da DI, como ocorre em qualquer outra situação de importação.*

cópia do RCR deferido pela autoridade aduaneira, se for o caso, termo de responsabilidade correspondente ao valor dos impostos suspensos e documento comprobatório da garantia prestada, quando exigível (IN n° 285/2003, art. 12).

Como se trata de modalidade de admissão que, em regra, não suspende a totalidade dos tributos, estes devem ser recolhidos no momento do registro da DI. Recorde-se que o benefício fiscal está na possibilidade do recolhimento dos tributos em valor proporcional ao tempo de permanência do bem. O cálculo desse valor deve ser feito mediante a aplicação de fórmula específica, contida no art. 6°, § 4°, da IN n° 285/2003. O restante dos tributos ficará suspenso durante a vigência do regime.

Quanto aos demais procedimentos, eles são os mesmos que os da outra modalidade: compete ao titular da unidade da Receita Federal responsável pelo despacho aduaneiro a concessão do regime e a fixação do prazo de permanência dos bens no país, bem como a sua prorrogação. Do mesmo modo, cabe recurso em caso de indeferimento do pedido (IN n° 285/2003, art. 10, *caput* e § 6°). O regime extingue-se com a reexportação do bem, com sua entrega à Fazenda Nacional, com sua destruição, com a transferência para outro regime aduaneiro ou com o despacho para consumo (Decreto n° 4.543/2002, art. 319; IN n° 285/2003, art. 15). Em qualquer caso, a adoção das providências pertinentes deve ser solicitada pelo interessado.

3.2.3 *Drawback*

Esse regime especial consiste na importação de insumos

destinados a integrar produtos exportados ou a exportar. É composto de três modalidades: suspensão, isenção e restituição. O *Drawback* Suspensão é aquele por meio do qual ficam suspensos os tributos incidentes na importação de mercadoria (i) a ser exportada após beneficiamento ou (ii) destinada à fabricação, complementação ou acondicionamento de outra a ser exportada. O *Drawback* Isenção é aquele por meio do qual ocorre isenção dos tributos incidentes sobre mercadoria importada, em quantidade e qualidade equivalente à utilizada no beneficiamento, fabricação ou complementação de produto a ser exportado (Portaria nº 36/2007, art. 50, da Secex). Já o *Drawback* Restituição é aquele por meio do qual se possibilita que os tributos pagos na importação de mercadoria exportada após beneficiamento ou complementação de produto exportado sejam restituídos por meio de crédito fiscal (Decreto nº 4.543/2002, art. 349).

As duas primeiras modalidades são concedidas pela Secretaria de Comércio Exterior, ao passo que a terceira, pela Receita Federal. Todas encontram previsão no Regulamento Aduaneiro e, igualmente, em normas complementares, das quais se destacam a Portaria nº 36/2007 da Secex (*Drawback* Suspensão e *Drawback* Isenção) e a IN nº 30/1972 da Receita Federal (*Drawback* Restituição).

A finalidade principal do regime de *Drawback* é favorecer a exportação de produtos que dependam, de alguma forma, de componentes que precisam ser importados. Não se concede, portanto, esse benefício para aquisições feitas no mercado interno, nem tampouco para importações que, uma vez submetidas às operações previstas no regime, sejam destinadas ao abastecimento do mercado local – nesse último caso, porém, existem duas exceções: uma relativa às mercadorias utilizadas em processo de industrialização de embarcação e outra relativa a produtos destinados à fabricação de máquinas e equipamentos a serem fornecidos em decorrência de licitação internacional.* Além disso, não se concede o benefício para importação de mercadoria utilizada na industrialização de produto destinado a consumo na Zona Franca de Manaus e nas áreas de livre comércio existentes em território nacional, entre outros casos.

Como se pode observar, o *Drawback* pressupõe que exista uma operação de transformação, beneficiamento, montagem, renovação ou acondicionamento da mercadoria a ser exportada. O art. 52 da Portaria nº 36/2007 esclarece esses termos: na transformação, a operação sobre a matéria-prima ou produto intermediário acarreta a obtenção de espécie nova de produto; no beneficiamento, altera-se o funcionamento, a utilização, o acabamento ou a finalidade do produto; na montagem, cuida-se da reunião do produto, peças ou partes, dando origem a um novo produto, ainda que sob mesma classificação fiscal; na renovação, trata-se de operação com vistas a restaurar o produto para utilização; por fim, no acondicionamento, altera-se a apresentação do produto, pela colocação de embalagem.

Para operar no regime de *Drawback*, a empresa interessada (que pode ser, além de empresa industrial, empresa individual ou comercial que forneça produto para ser industrializado e posteriormente exportado) deverá estar habilitada a operar com comércio exterior. Para se habilitar no regime, faz-se necessário apresentar requerimento. Na modalidade Suspensão, isso pode ser feito diretamente por meio do Siscomex (módulo

* *Nesses dois casos, outras condições estão previstas nos Anexos C e D da Portaria nº 36/2007.*

especial *Drawback*) e, na modalidade Isenção, deve-se preencher formulários específicos (Portaria nº 36/2007, art. 63). Em qualquer modalidade, será levado em conta, no exame do pedido, o resultado cambial da operação, ou seja, a comparação entre o valor total das importações e o valor líquido das exportações (Portaria nº 36/2007, arts. 69 e 101).

O regime de comprovação das operações envolvidas no regime de *Drawback* está detalhado na Portaria nº 36/2007. Como regra, dispensa-se a apresentação de documentos impressos tanto na habilitação quanto na comprovação das operações (Portaria nº 36/2007, art. 118). Na modalidade Suspensão, as comprovações devem ser feitas diretamente no módulo *Drawback* do Siscomex em até 60 dias, contados a partir da data-limite para exportação (Portaria nº 36/2007, art. 124). Na modalidade Isenção, a habilitação é feita por meio do Relatório Unificado de *Drawback*. A seguir, apresentam-se mais detalhes sobre cada modalidade.

3.2.3.1 Drawback Suspensão

Nessa modalidade, como se disse acima, o *Drawback* pode ser solicitado diretamente por meio do Siscomex. O pedido em questão pode abranger tanto o produto destinado à exportação diretamente pela empresa beneficiária (no caso de empresa industrial ou equiparada) quanto o destinado ao fornecimento para empresas que farão a industrialização do produto a exportar – trata-se de *Drawback* Intermediário (Portaria nº 36/2007, art. 65). Nesse último caso, a lei estabelece que a exportação deve ser realizada pela própria empresa intermediária, que será a beneficiária do regime (Portaria nº 36/2007, art. 61).

Deferido o pedido pelo Departamento de Operações de Comércio Exterior (Decex), o ato concessionário do *Drawback* terá validade de acordo com o ciclo produtivo do bem a exportar. O benefício* concedido ao amparo do regime, ou seja, a suspensão dos tributos incidentes sobre a importação da mercadoria, será válido pelo prazo de um ano, podendo ser prorrogado por igual período.[9]

No âmbito do *Drawback* Suspensão, poderá ser concedido também o chamado *Drawback* Genérico, que consiste numa operação especial em que é admitida a discriminação genérica da mercadoria a ser importada e seu respectivo valor, sem que sejam necessárias tanto a classificação na NCM quanto a discriminação da quantidade. No compromisso de exportação, porém, todas essas informações relativas ao produto que será exportado devem estar presentes (Portaria nº 36/2007, art. 77).

Outra operação especial possível apenas nessa modalidade é o *Drawback* sem Cobertura Cambial, por meio do qual se realiza a importação sem o respectivo contrato de câmbio. A lei estabelece que, quando da exportação do produto, o efetivo ingresso da moeda estrangeira será correspondente à diferença entre o valor da exportação e o valor da parcela sem cobertura cambial da importação (arts. 81 e seg.).

O *Drawback* Suspensão poderá ainda ser concedido para importação de matéria-prima e outros produtos usados no cultivo de produtos agrícolas ou na criação de animais destinados à exportação. O art. 89 da Portaria nº 36/2007 menciona esses produtos e, nos artigos seguintes, esclarecem-se os documentos que o exportador deve apresentar ao Decex após a operação de exportação.

---

* *Há a possibilidade, a teor do § 2º, de o prazo ser de até cinco anos, no caso de mercadoria destinada à produção de bem de capital de longo ciclo de fabricação.*

Como se fez questão de enfatizar acima, o *Drawback* é um regime especial que se volta preponderantemente para a exportação. No entanto, há que se recordar que existe a possibilidade de enquadramento desse regime, na modalidade Suspensão, para produtos destinados à industrialização de embarcação a ser fornecida ao mercado interno e, no mesmo sentido, também para mercadorias destinadas à fabricação de máquinas e equipamentos em decorrência de licitação internacional (Portaria nº 36/2007, arts. 93 a 96).

O art. 142 da Portaria nº 36/2007 esclarece como se dará a liquidação do compromisso de exportação:

> [...]
> Art. 142. A liquidação do compromisso de exportação no Regime de Drawback, modalidade suspensão, ocorrerá mediante:
> I – exportação efetiva do produto previsto no Ato Concessório de Drawback, na quantidade, valor e prazo nele fixados, na forma do artigo 124 desta Portaria;
> II – adoção de uma das providências abaixo, no prazo de 30 (trinta) dias, contados a partir da data limite para exportação:
> a) devolução ao exterior da mercadoria não utilizada;
> b) destruição da mercadoria imprestável ou da sobra, sob controle aduaneiro;
> c) destinação da mercadoria remanescente para consumo interno, com a comprovação do recolhimento dos tributos previstos na

legislação. Nos casos de mercadoria sujeita a controle especial na importação, a destinação para consumo interno dependerá de autorização expressa do órgão responsável.

[...]

O inadimplemento do compromisso pode ser total ou parcial (Portaria n° 36/2007, art. 143), sujeitando o beneficiário ao recolhimento dos tributos suspensos em virtude do regime.

3.2.3.2 Drawback Isenção

Para se habilitar nessa modalidade de *Drawback*, a empresa interessada somente poderá usar DI com data de registro não anterior a dois anos da data de apresentação do pedido (Portaria n° 36/2007, art. 97). A modalidade Isenção também se aplica ao chamado *Drawback* Intermediário, por meio do qual a empresa beneficiária fornece o produto inserido no regime para outra empresa, para fins de transformação e posterior exportação, pela primeira, do produto resultante.

Ao contrário da modalidade Suspensão, a modalidade Isenção não pode ser requerida diretamente no ambiente virtual do Siscomex. O interessado deve preencher o formulário Pedido de *Drawback* e, se deferido o pedido pelo Decex, será emitido o Ato Concessório de *Drawback*, cujo prazo de validade é de um ano.[10] Além disso, dentre os regimes específicos mencionados anteriormente, apenas o *Drawback* Embarcação também pode ser solicitado na modalidade Isenção (Portaria n° 36/2007, art. 116).

3.2.3.3 Drawback Restituição

O *Drawback* Restituição não está regulamentado pela Portaria nº 36/2007. Sua previsão está contida no Regulamento Aduaneiro (Decreto nº 4.543/2002, arts. 349 a 351), que estabelece que essa modalidade poderá abranger, total ou parcialmente, os tributos pagos na importação de mercadoria exportada após beneficiamento, ou utilizada na fabricação, complementação ou acondicionamento de outra exportada.

Diferentemente das demais modalidades, que são concedidas pela Secex, essa terceira modalidade é concedida pela Receita Federal. Para tanto, o interessado deverá comprovar a exportação de produto em cujo beneficiamento, fabricação, complementação ou acondicionamento tenham sido utilizadas as mercadorias importadas. O benefício fiscal, no caso, constitui-se na atribuição de créditos fiscais, que poderão ser utilizados em qualquer importação posterior (Decreto nº 4.543/2002, art. 350).

3.2.4 *Entreposto Aduaneiro*

O regime aduaneiro especial de Entreposto Aduaneiro pode ser aplicado tanto para a importação quanto para a exportação. Por meio dele, é autorizada a entrada e permanência de produto estrangeiro ou a permanência de produto brasileiro já despachado para exportação (desnacionalizado) no território nacional em depósito sob controle aduaneiro, com suspensão dos tributos federais.[11] A base legal desse regime é o Regulamento Aduaneiro (Decreto nº 4.543/2002, arts. 356 a 371), além de normas complementares específicas, dentre as quais merece destaque a IN n° 241/2002 da Receita Federal.

O regime destina-se ao armazenamento de bens em aeroporto, em porto organizado e instalações portuárias ou, ainda, em porto seco. Esses bens estão estabelecidos no art. 16 da IN n° 241/2002:

> [...]
>
> Art. 16. A admissão no regime será autorizada para a armazenagem dos bens a seguir indicados, em:
>
> I – aeroporto:
>
> a) partes, peças e outros materiais de reposição, manutenção ou reparo de aeronaves, e de equipamentos e instrumentos de uso aeronáutico;
>
> b) provisões de bordo de aeronaves utilizadas no transporte comercial internacional;
>
> c) máquinas ou equipamentos mecânicos, eletromecânicos, eletrônicos ou de informática, identificáveis por número de série, importados, para serem submetidos a serviço de recondicionamento, manutenção ou reparo, no próprio recinto alfandegado, com posterior retorno ao exterior;
>
> d) partes, peças e outros materiais utilizados nos serviços de recondicionamento, manutenção ou reparo referidos na alínea "c"; ou
>
> e) quaisquer outros importados e consignados a pessoa jurídica estabelecida no País, ou destinados a exportação, que atendam às condições para admissão no regime.
>
> [...]

As normas cuidam ainda das situações em que o regime não será autorizado. São elas: mercadoria cuja importação ou exportação esteja proibida, bem usado e mercadoria importada com cobertura cambial (IN nº 241/2002, art. 17).

3.2.4.1 Entreposto Aduaneiro na Importação

Nos termos do Regulamento Aduaneiro, o regime de Entreposto Aduaneiro na Importação é o que permite a armazenagem de mercadoria estrangeira em recinto alfandegado de uso público, com suspensão do pagamento dos impostos incidentes na importação (Decreto nº 4.543/2002, art. 396). Destaque-se que, nessa modalidade, somente é admitido o depósito em recinto de uso público. Além disso, note-se que o benefício fiscal é o mesmo da maioria dos regimes especiais, ou seja, a suspensão dos tributos incidentes na importação.

O regime de Entreposto Aduaneiro na Importação é concedido para a importação daqueles bens descritos no subitem anterior, sobre os quais serão realizados serviços de etiquetagem, exposição, concernentes à industrialização (como acondicionamento, montagem e transformação) e também de manutenção ou reparo. Além disso, permite a permanência de mercadoria estrangeira em feira, congresso, mostra ou evento semelhante, realizado em recinto de uso privativo, previamente alfandegado para esse fim (Decreto nº 4.543/2002, art. 357). Note-se que se trata, aqui, de exceção à regra relativa a recinto de uso público.

A concessão dessa modalidade deve ser requerida por meio de registro da declaração de admissão (assim como ocorre com o regime de Admissão Temporária) via Siscomex.

Como regra, a concessão depende do desembaraço aduaneiro da mercadoria constante na declaração (IN nº 241/2002, art. 21, § 1º)*. Há, porém, a possibilidade de concessão automática na hipótese de importação de alguns bens, elencados no art. 22 da IN nº 241/2002:

> [...]
> Art. 22. A concessão do regime poderá ser automática na hipótese de importação de:
> I - partes, peças e outros materiais de reposição, manutenção ou reparo de embarcações e aeronaves, bem assim de equipamentos e seus componentes de uso náutico ou aeronáutico;
> II - bens destinados à manutenção, substituição ou reparo de cabos submarinos de comunicação; e
> III - bens destinados a provisões de bordo de aeronaves e embarcações.
> [...]

* *Também nesse regime há a possibilidade de se recorrer, no prazo de dez dias, de decisão que indeferir a aplicação do regime (IN nº 241/2002, art. 21, § 3º).*

Uma vez concedido o regime, sua vigência será de um ano, contado a partir da data do desembaraço de admissão. Esse prazo pode ser prorrogado sucessivamente até o máximo de três anos, desde que haja solicitação justificada do beneficiário e, claro, o deferimento da solicitação por parte da Receita Federal (IN nº 241/2002, arts. 25 e 27). O mais importante, até mesmo para fins de distinção em relação ao regime de Admissão Temporária, talvez seja o fato de que os benefícios fiscais decorrentes (suspensão de tributos) do regime de Entreposto Aduaneiro na Importação não dependem de formalização de qualquer termo de responsabilidade nem da prestação de garantia relativa ao valor dos tributos suspensos (IN nº 241/2002, art. 28).

Segundo os arts. 38 e 41 da IN 241/2002, a extinção do regime ocorre, basicamente, após o despacho aduaneiro para consumo, admissão em outro regime aduaneiro especial, reexportação ou exportação (no caso de haver nacionalização da mercadoria). Cabe ao beneficiário, durante o período de vigência do regime, providenciar o respectivo despacho aduaneiro. Especificamente no caso de despacho para consumo, deve-se registrar a DI no Siscomex, conforme procedimento normal para qualquer importação. Isso implica que o beneficiário recolha todos os tributos suspensos por conta da aplicação do regime.

3.2.4.2 *Entreposto Aduaneiro na Exportação*

O regime de Entreposto Aduaneiro na Exportação, ao contrário do anterior, pode ser concedido para depósito de mercadoria em recinto alfandegado que seja de uso público ou particular. Trata-se, nesse caso, de armazenamento de mercadoria destinada à exportação.

O Regulamento Aduaneiro estabelece que compreende as modalidades de regime comum e extraordinário (Decreto nº 4.543/2002, art. 364). No primeiro caso, permite-se a armazenagem de mercadorias em recinto de uso público, com suspensão do pagamento de impostos. No segundo, permite-se a armazenagem de mercadorias em recinto de uso privado, com direito ao uso dos benefícios fiscais previstos para incentivo à exportação, antes do seu efetivo embarque para o exterior.

A principal diferença do Entreposto Aduaneiro na Exportação está, como já se mencionou, na possibilidade de uso de recinto alfandegado privado (modalidade de regime extraordinário). Para tanto, faz-se necessário, inicialmente, o credenciamento do recinto onde a mercadoria será depositada, o qual dependerá de requerimento formulado pelo administrador do recinto à Receita Federal. O art. 8º, § 1º, da IN nº 241/2002 esclarece os critérios desse requerimento:

> [...]
> Art. 8º O credenciamento será realizado a requerimento do administrador do recinto alfandegado, apresentado ao titular da unidade da SRF com jurisdição sobre o local.
> § 1º O requerimento deverá indicar as atividades para as quais solicita autorização:
> I – armazenagem;
> II – exposição, demonstração e teste de funcionamento;
> III – industrialização; ou
> IV – manutenção ou reparo.
> [...]

O credenciamento será concedido por ato declaratório executivo, condicionado à regularidade fiscal do solicitante na Receita Federal e também à apresentação de termo de fiel depositário das mercadorias a serem admitidas no regime (IN nº 241/2002, art. 12).

Chama-se a atenção ainda para o fato de que esse credenciamento somente poderá beneficiar empresa comercial exportadora (Decreto nº 4.543/2002, art. 364, § 3º), assim entendida como aquela que tenha capital social integralizado igual ou superior a R$ 3.000.000,00 (três milhões de reais); tenha realizado, no ano anterior ou nos doze meses anteriores ao da apresentação do pedido, exportações em montante igual ou superior a US$ 30,000,000.00 (trinta milhões de dólares norte-americanos), ou o valor equivalente em outra moeda, e possua registro especial como empresa comercial exportadora (IN nº 241/2002, art. 14).

O art. 24 da IN nº 241/2002 esclarece como se dá a concessão do regime na exportação:

> [...]
> Art. 24. A concessão do regime de entreposto aduaneiro na exportação será automática e subsistirá a partir da data:
> I – de entrada, no recinto alfandegado credenciado, da mercadoria destinada a exportação, acompanhada da respectiva Nota Fiscal, na modalidade de regime comum; ou
> II – de saída, do estabelecimento do produtor-vendedor, da mercadoria vendida a empresa comercial exportadora autorizada, que deverá comprovar a aquisição por meio de declaração firmada em via da correspondente Nota Fiscal, na modalidade de regime extraordinário.
> [...]

O prazo de vigência do regime de Entreposto Aduaneiro na Exportação é de um ano, para o regime comum, e de 90 dias, para a modalidade extraordinária (IN nº 241/2002, art. 26), e há dispensa de formalização de termo de responsabilidade ou de prestação de garantia.

A extinção ocorrerá, no caso do regime comum, após o correspondente despacho aduaneiro de exportação, a ser processado com base na DE registrada pelo beneficiário no Siscomex, ou após reintegração da mercadoria ao estoque do estabelecimento de origem ou recolhimento dos impostos suspensos. Já no caso do regime extraordinário, a extinção ocorrerá também após o despacho de exportação ou após o recolhimento dos impostos que deixaram de ser pagos em decorrência dos benefícios fiscais auferidos pelo produtor/vendedor (IN nº 241/2002, art. 39).

3.2.4.3 Entreposto Internacional da Zona Franca de Manaus

Outra modalidade específica de entreposto aduaneiro é o Entreposto Internacional da Zona Franca de Manaus*. O art. 468 do Regulamento Aduaneiro assim define essa modalidade:

> [...]
>
> Art. 468. O regime de entreposto internacional da Zona Franca de Manaus é o que permite a armazenagem, com suspensão do pagamento de tributos, de (Decreto-lei nº 37, de 1966, art. 93, com a redação dada pelo Decreto-lei nº 2.472, de 1988, art. 3º):
>
> I – mercadorias estrangeiras importadas e destinadas:
>
> a) a venda por atacado, para a Zona Franca

No capítulo 4, serão analisados os benefícios fiscais concedidos para o regime aduaneiro especial da Zona Franca de Manaus.

de Manaus e para outras regiões do território nacional;

b) a comercialização na Zona Franca de Manaus, na Amazônia Ocidental ou nas áreas de livre comércio;

II – matérias-primas, produtos intermediários, materiais secundários e de embalagem, partes e peças e demais insumos, importados e destinados à industrialização de produtos na Zona Franca de Manaus;

III – mercadorias nacionais destinadas à Zona Franca de Manaus, à Amazônia Ocidental, às áreas de livre comércio ou ao mercado externo; e

IV – mercadorias produzidas na Zona Franca de Manaus e destinadas aos mercados interno ou externo.

[...]

Da mesma forma, podem ser admitidas nesse regime apenas mercadorias importadas sem cobertura cambial, regra que sofre algumas exceções (como no caso de mercadorias destinadas à exportação). O prazo de permanência no Entreposto Internacional da Zona Franca de Manaus é de um ano, que poderá ser prorrogado, contado a partir da data do desembaraço aduaneiro de admissão. Quanto às demais condições e procedimentos, valem as mesmas regras estabelecidas para o entreposto aduaneiro vistas anteriormente.

A seguir, apresentam-se outros regimes aduaneiros especiais, que têm características similares às do entreposto aduaneiro – são até mesmo caracterizados como suas modalidades específicas pela doutrina. Trata-se dos seguintes regimes: Loja Franca, Depósito Especial (ou Depósito Especial Alfandegado – DEA), Depósito Afiançado (DAF), Depósito Alfandegado Certificado (DAC) e Depósito Franco.

3.2.5 *Loja Franca*

O regime especial de Loja Franca é o que permite a estabelecimento instalado em zona primária de porto ou de aeroporto alfandegado vender mercadoria nacional ou estrangeira a passageiro em viagem internacional, contra pagamento em cheque de viagem ou em moeda estrangeira conversível (Decreto nº 4.543/2002, art. 424). A base legal do regime é composta pelo Regulamento Aduaneiro e pelas normas complementares a ele, das quais se destaca a Portaria nº 204/1996 do Ministério da Fazenda. Conforme Meira, o objetivo do regime é, de um lado, permitir que mercadoria estrangeira adentre o território brasileiro e seja vendida sem o pagamento dos impostos incidentes sobre a importação e, de outro, que mercadoria nacional despachada para exportação seja mantida em depósito e comercializada nas lojas francas nas mesmas condições[12].

Esse regime tem como beneficiários, portanto, aquelas empresas selecionadas mediante concorrência pública que, uma vez habilitadas pela Receita Federal, instalem-se na zona primária, num porto ou aeroporto (Portaria nº 204/1996, arts. 20 a 22). Os benefícios fiscais que incidem sobre os produtos comercializados nas lojas francas são os seguintes:

a) No caso de importação de bens, haverá suspensão dos

tributos incidentes. Essa suspensão, no entanto, converte-se em isenção assim que a mercadoria é vendida.*

b) No caso de aquisição de mercadoria nacional, esta sairá do estabelecimento industrial do vendedor com isenção de tributos (Decreto nº 4.543/2002, art. 424). No entanto, as lojas francas não podem importar pérolas, pedras preciosas, metais preciosos e outras mercadorias classificadas no Capítulo 71 da NCM, assim como outras mercadorias cuja importação seja proibida ou sujeitas a controle especial (Portaria nº 204/1996, art. 11).

No caso de importação, é necessário que ocorra a realização de despacho aduaneiro de admissão, a ser processado mediante registro da respectiva declaração de admissão no Siscomex (Portaria nº 204/1996, art. 13). Destaque-se, por oportuno, que a importação de mercadoria destinada às lojas francas não está sujeita a licenciamento de importação (Portaria nº 36/2007, art. 7º). No caso da aquisição de mercadoria nacional, ela deve ser acompanhada da nota fiscal correspondente.

* *O art. 426 do Decreto nº 4.543/2002 estabelece que essa venda deve ser feita a: tripulantes e passageiros em viagem internacional; missões diplomáticas, repartições consulares, representações de organismos internacionais de caráter permanente e a seus integrantes e assemelhados; empresas de navegação aérea ou marítima, para uso ou consumo de bordo de embarcações ou aeronaves, de bandeira estrangeira, aportadas no país.*

3.2.6 *Depósito Especial*

O regime aduaneiro de Depósito Especial, ou Depósito Especial Alfandegado (DEA), é o que permite a estocagem de partes, peças, componentes e materiais de reposição ou manutenção para veículos, máquinas, equipamentos, aparelhos e instrumentos estrangeiros, nacionalizados ou não (Decreto nº 4.543/2002, art. 428). O art. 2º da IN nº 386/2004 estabelece em quais atividades devem ser empregados esses produtos:

[...]

Art. 2º O regime aduaneiro de depósito especial (DE) é o que permite a estocagem, com suspensão do pagamento de impostos, de partes, peças, componentes e materiais de reposição ou manutenção, para veículos, máquinas, equipamentos, aparelhos e instrumentos, estrangeiros, nacionalizados ou não, empregados nas atividades de:

I – transporte;

II – apoio à produção agrícola;

III – construção e manutenção de rodovias, ferrovias, portos, aeroportos, barragens e serviços afins;

IV – pesquisa, prospecção e exploração de recursos minerais;

V – geração e transmissão de som e imagem;

VI – diagnose, cirurgia, terapia e pesquisa médicas, realizadas por hospitais, clínicas de saúde e laboratórios;

VII – geração, transmissão e distribuição de energia elétrica; e

VIII – análise e pesquisa científica, realizadas por laboratórios.

[...]

A previsão legal do regime especial de Depósito Especial está contida no Regulamento Aduaneiro (Decreto nº 4.543/2002, arts. 428 a 435) e nas normas complementares. Dentre elas, merecem destaque a IN nº 386/2004 da Receita Federal e a Portaria nº 284/2003 do Ministério da Fazenda.

Por meio desse regime, permite-se ao consumidor do Brasil acesso rápido a equipamentos e peças estrangeiros e, o que é mais importante, sem onerar antecipadamente o importador. O mecanismo viabiliza, dessa maneira, a manutenção simultânea de estoques reguladores e do capital de giro da empresa.[13] Note-se que o regime de Depósito Especial não contempla a exportação. O benefício fiscal concedido é a suspensão do pagamento dos tributos incidentes sobre a importação de mercadorias, dispensadas de licenciamento. Somente serão admitidas, porém, mercadorias importadas sem cobertura cambial. Além disso, esse regime não se aplica à aquisição no mercado nacional de bens que serão exportados.

Para ter direito ao benefício, é necessária a prévia habilitação da empresa interessada na Receita Federal (IN nº 386/2004, art. 4º). Para tanto, é preciso que exerça uma das atividades descritas anteriormente, esteja em situação regular no que se refere aos tributos administrados pela Receita e disponha de regime informatizado de controle de mercadorias (IN nº 386/2004, art. 5º). Trata-se, portanto, de entrepostos de uso privativo, autorizados a funcionar, sob o regime de Depósito Especial, por ato declaratório executivo da Receita Federal. A habilitação para operação no regime terá vigência de até cinco anos (Decreto nº 4.543/2002, art. 432).

Uma vez habilitado a operar no regime, o beneficiário deve providenciar o registro da declaração de admissão específica, via Siscomex, dando início ao processo de despacho de importação. Como regra, o desembaraço será feito automaticamente no próprio sistema (IN nº 386/2004, art. 15). O regime aduaneiro de Depósito Especial extingue-se mediante reexportação, transferência para outro regime aduaneiro especial, despacho para consumo ou destruição do produto autorizado, sob controle aduaneiro (IN nº 386/2004, art. 20). Deve-se ressalvar que, assim como nos demais casos em que há admissão temporária de mercadoria estrangeira, são devidos os impostos incidentes sobre a importação caso haja despacho para consumo.

3.2.7 *Depósito Afiançado*

O regime aduaneiro especial de Depósito Afiançado (DAF) é o que permite a estocagem de materiais importados sem cobertura cambial destinados à manutenção e ao reparo de embarcação ou de aeronave pertencente a empresa autorizada a operar no transporte comercial internacional e utilizados nessa atividade. Pode ainda ser concedido a empresa que opere no transporte rodoviário (Decreto nº 4.543/2002, art. 436). A base legal está contida no Regulamento Aduaneiro (Decreto nº 4.543/2002, arts. 436 a 440) e, especialmente, em normas complementares da Receita Federal, dentre as quais se destaca a IN nº 409/2004.

Assim como nos demais casos de depósito aduaneiro, o benefício fiscal concedido pelo DAF é a suspensão dos tributos incidentes na operação de importação. Há, no entanto, importantes diferenças entre o DAF e o Depósito Especial, visto anteriormente. Com efeito, o regime de DAF não é concedido a intermediários a fim de que promovam a venda das mercadorias aos consumidores, mas concedido diretamente às empresas de transporte internacional. Além disso, abrange apenas os materiais usados nos veículos de transporte internacional de cargas ou passageiros. Por fim, no Depósito Especial são devidos os impostos sobre a importação no momento da venda da mercadoria, ao passo que não há venda no DAF, já que o titular do entreposto é também destinatário da mercadoria, razão pela qual há incidência de impostos sobre o comércio exterior.[14]

Também aqui a concessão do regime depende de prévia habilitação na Receita Federal. A empresa interessada deve instruir seu pedido com cópia da autorização para operar no transporte internacional, entre outros documentos. A habilitação, concedida a título precário, por meio de ato declaratório executivo, poderá ser suspensa ou até cancelada, caso o beneficiário incorra em alguma das hipóteses legalmente previstas (IN n° 409/2004, arts. 3° a 9°).

Por fim, a admissão de mercadoria no regime também tem por base a DI específica formulada pelo beneficiário no Siscomex, a qual não depende de concessão de licenciamento. Assim como ocorre no caso do Depósito Especial, o prazo de permanência no regime de DAF é de cinco anos, contados a partir do desembaraço da admissão (IN n° 409/2004, art. 16). Pelo fato de se tratar de regime mais restrito do que o Depósito Especial, a extinção do regime ocorrerá pela aplicação das mercadorias importadas em serviços de manutenção e reparo de veículos de transporte internacional, reexportação ou destruição autorizada pela aduana. Nesse último caso, não haverá incidência de tributos (IN n° 409/2004, art. 17).

3.2.8 *Depósito Alfandegado Certificado*

O regime de Depósito Alfandegado Certificado (DAC) é

o que permite considerar exportada, para todos os efeitos fiscais, creditícios e cambiais, a mercadoria nacional depositada em recinto alfandegado e vendida a pessoa sediada no exterior, mediante contrato de entrega no território nacional e à ordem do adquirente (Decreto nº 4.543/2002, art. 441). Esse regime tem previsão legal no Regulamento Aduaneiro (Decreto nº 4.543/2002, arts. 441 a 446) e, do mesmo modo que os demais, também em normas complementares, das quais se destaca a IN nº 266/2002 da Receita Federal.

Ao contrário dos outros regimes de depósito vistos anteriormente, o DAC é operado em recinto alfandegado de uso público ou em instalação portuária de uso privativo misto, desde que com autorização. A autorização para operar nesse regime é concedida a requerimento do administrador do recinto alfandegado, apresentado ao titular da unidade da Receita Federal com jurisdição sobre o local. Nesse pedido, devem constar a especificação dos gêneros de cargas a serem armazenados ao amparo do regime (geral, frigorificada ou a granel) e a planta de locação, baixa e de corte da área a ser utilizada no recinto para depósito de mercadoria admitida no regime.

Além disso, a autorização fica condicionada: à delimitação, no recinto, de área destinada exclusivamente à movimentação e armazenagem de mercadoria estrangeira ou desnacionalizada; ao desenvolvimento e manutenção de controle informatizado de entrada, movimentação, armazenamento e saída das mercadorias submetidas ao regime. A autorização será concedida pela respectiva Superintendência Regional da Receita Federal, por meio de ato declaratório executivo (IN nº 266/2002, art. 4º).

O art. 5º da IN nº 266/2002 apresenta as mercadorias

cuja admissão pode ser autorizada no regime de DAC:

[...]

Art. 5º A admissão no regime será autorizada para mercadoria:
I – vendida a pessoa sediada no exterior, que tenha constituído mandatário credenciado junto à SRF, mediante contrato de entrega no território brasileiro, à ordem do comprador, em recinto autorizado a operar o regime, por ele designado;
II – desembaraçada para exportação sob o regime DAC no recinto autorizado, com base em DDE registrada no Siscomex;

[...]

Conforme Meira, a admissão nesse regime especial depende de dois procedimentos: o despacho aduaneiro de exportação, que deve ser solicitado, via Siscomex, pelo vendedor (exportador) da mercadoria admitida no DAC (e instruído com nota fiscal e demais documentos específicos), e a emissão do Certificado de Depósito Alfandegado, feita eletronicamente no momento da conferência aduaneira.[15] O prazo de permanência da mercadoria no regime é o estabelecido nesse certificado, não podendo exceder o período de doze meses (IN nº 266/2002, art. 11).

Segundo o art. 445 do Decreto nº 4.543/2002, a extinção do regime será feita mediante:

a) a comprovação do efetivo embarque, ou da transposição da fronteira, da mercadoria destinada ao exterior;

b) o despacho para consumo;

c) a transferência para um dos seguintes regimes aduaneiros: *Drawback*; Admissão Temporária, incluindo Repetro; Loja Franca ou Entreposto Aduaneiro.

Para tanto, devem ser emitidas notas de expedição, no caso de mercadoria destinada ao exterior, e, nas demais situações, providenciadas as respectivas declarações de importação para consumo ou admissão em novo regime (IN nº 266/2002, art. 13).

3.2.9 *Depósito Franco*

O regime aduaneiro especial de Depósito Franco é o que permite, em recinto alfandegado, a armazenagem de mercadoria estrangeira para atender ao fluxo comercial de países limítrofes com terceiros (Decreto nº 4.543/2002, art. 447). Trata-se, portanto, de modalidade específica de depósito, que tem sua concessão vinculada a tratado internacional firmado pelo Brasil.

A base legal desse regime está no Regulamento Aduaneiro (Decreto nº 4.543/2002, arts. 447 a 451) e em normas complementares, das quais se destaca a IN SRF nº 38/2001 da Receita Federal.

Por intermédio desse regime, permite-se que sejam introduzidos no território brasileiro e mantidos em armazéns sob controle aduaneiro nacional bens estrangeiros destinados a países limítrofes com o Brasil ou exportados por eles a terceiros, sem que haja o pagamento dos impostos.[16]

3.2.10 Exportação Temporária

Conforme se observou acima, quando da análise do regime especial de Admissão Temporária, os intercâmbios cultural e comercial fizeram com que fosse criado um regime específico que permitisse a entrada, a permanência e a saída de mercadorias estrangeiras do território nacional. Nesse regime, não se exige o pagamento total ou parcial (no caso de admissão para utilização econômica) dos tributos incidentes sobre as operações de importação.

Assim como se criou um regime para produtos estrangeiros, criou-se outro relativo aos produtos nacionais ou nacionalizados nas mesmas situações: o regime de Exportação Temporária, que permite a saída do país, com suspensão do pagamento do IE, de mercadoria nacional ou nacionalizada, condicionada à reimportação em prazo determinado no mesmo estado em que foi exportada (Decreto nº 4.543/2002, art. 385).

Dessa forma, os regimes de Admissão e Exportação Temporária são concedidos em situações inversas, mas têm finalidades semelhantes, principalmente permitir que os produtos participem de feiras, exposições, mostras agrícolas, culturais, comerciais ou industriais.[17] O fundamento legal desse regime está no Regulamento Aduaneiro (Decreto nº 4.543/2002, arts. 385 a 401) e, igualmente, em normas complementares. Dentre elas, menciona-se a IN nº 319/2003 da Receita Federal.

O art. 2º dessa instrução normativa dispõe sobre os bens a que esse regime se aplica*:

* Mencione-se ainda que se reputam em exportação temporária, independentemente de qualquer procedimento administrativo: a) a bagagem acompanhada; b) os veículos para uso de seu proprietário ou possuidor, quando saírem por seus próprios meios; c) os veículos de transporte comercial brasileiro, conduzindo carga ou passageiros (Decreto nº 4.543/2002, art. 394).

[...]

Art. 2º O regime aplica-se a bens destinados a:

I – feiras, exposições, congressos ou outros eventos científicos ou técnicos;

II – espetáculos, exposições e outros eventos artísticos ou culturais;

III – competições ou exibições esportivas;

IV – feiras ou exposições comerciais ou industriais;

V – promoção comercial, inclusive amostras sem destinação comercial e mostruários de representantes comerciais;

VI – execução de contrato de arrendamento operacional, de aluguel, de empréstimo ou de prestação de serviços, no exterior;

VII – prestação de assistência técnica a produtos exportados, em virtude de termos de garantia;

VIII – atividades temporárias de interesse da agropecuária, inclusive animais para feiras ou exposições, pastoreio, trabalho, cobertura ou cuidados da medicina veterinária;

IX – emprego militar e apoio logístico às tropas brasileiras designadas para integrar força de paz em território estrangeiro;

X – a assistência e salvamento em situações de calamidade ou de acidentes de que decorra dano ou ameaça de dano à coletividade ou ao meio ambiente; e

XI – acondicionamento ou manuseio de outros bens exportados, desde que reutilizáveis.

Parágrafo único. O regime aplica-se, ainda, na exportação temporária de:

I – veículos para uso de seu proprietário ou possuidor;

II – bens a serem submetidos a ensaios, testes de funcionamento ou de resistência; e

III – outros produtos manufaturados e acabados, autorizados, em cada caso, pelo titular da unidade da Receita Federal (SRF) onde será realizado o respectivo despacho aduaneiro.

[...]

Sua concessão deve ser requerida à Receita Federal, cabendo recurso caso seja indeferido o pedido (IN nº 319/2003, art. 9º, § 5º). O ato de concessão, feito pelo auditor fiscal responsável pelo despacho para exportação, fixará o prazo de permanência do bem no exterior (IN nº 319/2003, art. 7º). Concedido o regime, ele terá vigência de um ano, prazo que poderá ser prorrogado por igual período. Com relação à sua aplicação, há a necessidade do despacho aduaneiro de exportação, processado com base em DE, registrada via Siscomex. Se for o caso de exportação não sujeita a controle de outros órgãos, o despacho pode ser feito com base em Declaração Simplificada de Exportação (IN nº 319/2003, art. 5º).

Convém destacar ainda que a IN nº 747/2007 da Receita Federal estabelece ainda procedimento simplificado para a concessão do regime de Exportação Temporária de recipientes, embalagens, envoltórios, carretéis, separadores, *racks*, *clip locks*, termógrafos e outros bens destinados ao transporte, acondicionamento, preservação, manuseio ou registro de variações de temperatura de mercadoria importada, exportada, a importar ou a exportar. Para se beneficiar desse procedimento, é necessária a habilitação da empresa interessada na Receita Federal.

O benefício fiscal do regime de Exportação Temporária é, como se viu acima, a suspensão do IE. Para tanto, o beneficiário deverá assinar termo de responsabilidade, sendo-lhe dispensável, no entanto, a prestação de qualquer garantia (Decreto nº 4.543/2002, art. 399). Além disso, pelo fato de o regime pressupor a reimportação da mercadoria exportada temporariamente, não haverá, quando isso ocorrer, pagamento dos tributos sobre a importação, pois o fato gerador desses tributos envolve, como se viu no capítulo anterior, mercadoria estrangeira e, por definição, os bens envolvidos no regime de Exportação Temporária são nacionais ou nacionalizados, razão pela qual não se verifica essa hipótese de incidência.

Por fim, o regime extingue-se com a reimportação do bem temporariamente exportado ou, se for o caso, com o pagamento do IE suspenso. No caso da reimportação, deve ser feito o registro da DI – que pode ser a simplificada, caso o produto não tenha sofrido transformação – para fins de despacho aduaneiro. É importante comentar que, quando da reimportação da mercadoria, não se pode mais discutir o mérito da concessão da Exportação Temporária (Decreto nº 4.543/2002, art. 398).

3.2.10.1 *Exportação Temporária para Aperfeiçoamento Passivo*

O Regulamento Aduaneiro (Decreto nº 4.543/2002, arts. 402 a 410) cuida ainda da hipótese de saída temporária de mercadoria nacional que sofrerá processo de transformação no exterior. Trata-se do regime de Exportação Temporária para Aperfeiçoamento Passivo, que permite a saída do país, por tempo determinado, de mercadoria nacional ou nacionalizada, para ser submetida a operação de transformação, elaboração, beneficiamento ou montagem no exterior e posterior reimportação, sob a forma do produto resultante, com pagamento dos tributos sobre o valor agregado (Decreto nº 4.543/2002, art. 402).

Esse regime guarda certa semelhança com o da Admissão Temporária para Utilização Econômica, em que o benefício fiscal concedido é proporcional ao tempo de permanência da mercadoria estrangeira em território nacional. A diferença é que, no regime de Exportação Temporária para Aperfeiçoamento Passivo, o benefício fiscal é relativo ao valor agregado ao produto nacional que será reimportado. Do mesmo modo que no regime geral de Exportação Temporária, existe a suspensão do IE, condicionada à assinatura de termo de responsabilidade. A Portaria nº 675/1994 do Ministério da Fazenda traz as normas complementares para a aplicação desse regime.

O art. 8º apresenta a hipótese e os critérios de sua concessão:

> [...]
> Art. 8º O regime de Exportação Temporária para Aperfeiçoamento Passivo será concedido pela autoridade aduaneira, mediante requerimento do interessado, do qual deverá constar:
> I – a descrição das mercadorias a serem

submetidas ao regime, indicando, conforme o caso, seu nome técnico, científico ou comercial, marca, modelo, tipo, número de série ou de identificação, valor, quantidade, peso e demais elementos que permitem sua perfeita identificação;

II – a natureza da operação de aperfeiçoamento a que a mercadoria será submetida;

III – a descrição dos produtos resultantes da operação de aperfeiçoamento e dos meios a serem utilizados para sua identificação;

IV – o coeficiente de rendimento da operação ou, se for o caso, a forma de sua fixação; e

V – o prazo necessário para a importação dos produtos resultantes da operação.

[...]

O regime de Exportação Temporária para Aperfeiçoamento Passivo será concluído com a importação dos produtos resultantes da operação ou a exportação definitiva das mercadorias submetidas ao regime (Portaria nº 675/1994, art. 11). Por fim, conforme o art. 12:

[...]

Art. 12. O valor dos tributos devidos na importação do produto resultante da operação de aperfeiçoamento será calculado, deduzindo-se, do montante dos tributos incidentes sobre este produto, o valor dos tributos que incidiriam, na mesma data, sobre a mercadoria objeto da exportação temporária, se esta estivesse sendo importada do mesmo país em que se deu a operação de aperfeiçoamento.

[...]

3.3 *Incentivos financeiros à exportação*

Os incentivos financeiros à exportação são uma categoria específica de benefícios fiscais e podem perfeitamente ser enquadrados dentro do conceito de subsídios. De fato, tem-se aqui uma ação direcionada do Estado, realizada por meio de órgãos públicos, objetivando beneficiar o produtor nacional que tenha a intenção de exportar seus produtos para o mercado internacional. É importante salientar que os incentivos aqui apresentados não são os únicos existentes. Note-se também que determinados regimes especiais (o *Drawback* é um bom exemplo), por condicionarem os benefícios da importação a uma posterior operação de exportação, igualmente visam a incentivar a atividade exportadora.

Neste item, destacam-se aqueles benefícios que também podem ser identificados como financiamento às exportações.[18] A título de classificação, observa-se que esse financiamento pode ser concedido na fase de produção (trata-se do chamado crédito pré-embarque) ou após o embarque da mercadoria (financiamento pós-embarque). Tanto o fornecedor/vendedor que realiza a exportação quanto o comprador que está no exterior podem ser beneficiados por ele. Tendo em vista essas considerações, apresentam-se a seguir os tipos de financiamento, tanto pré-embarque quanto pós-embarque, mais usados.

3.3.1 *Financiamentos pré-embarque*

Conforme se comentou acima, os incentivos à exportação podem ser concedidos tanto ao produtor quanto ao comprador em momento anterior à concretização da operação de exportação. Trata-se, nesse caso, das modalidades de financiamento pré-embarque (ou seja, que ocorrem antes de a mercadoria objeto da transação comercial ser embarcada para o exterior). Os principais financiamentos desse tipo são o Programa Exim Pré-Embarque do Banco Nacional de Desenvolvimento Econômico e Social (BNDES) e o Adiantamento sobre o Contrato de Câmbio (ACC), concedido por instituições financeiras autorizadas pelo Banco Central do Brasil a operar com câmbio.

3.3.1.1 *Programa BNDES Exim Pré-Embarque*

No âmbito do Programa Exim Pré-Embarque do BNDES, existem, a rigor, duas modalidades de financiamento: a de curto prazo, cujo regulamento está contido no anexo à Circular nº 174/2002 do BNDES, e a especial, regulamentada no anexo à Circular nº 178/2002. Nos dois casos, as operações são realizadas exclusivamente por meio de instituições financeiras credenciadas nesse banco.

A primeira dessas modalidades consiste num financiamento ao exportador, com prazo de pagamento de até 180 dias, na fase da produção de bens que apresentem índice de nacionalização em valor igual ou superior a 60%. É destinada a empresas exportadoras de micro, pequeno ou médio porte constituídas sob as leis brasileiras, com sede e administração no país. Por meio desse programa, o BNDES financia até 100% do preço FOB de exportação, excluídos a comissão de agente comercial e eventuais pré-pagamentos.

Na modalidade especial, o financiamento ao exportador não tem vinculação a embarques específicos, sendo concedido mediante a abertura de crédito fixo. Ao contrário da modalidade anterior, esta é destinada a empresas exportadoras de qualquer porte que tenham sede e administração no Brasil. A parcela financiada pelo BNDES leva em conta o acréscimo estimado das exportações em relação aos 12 meses anteriores. O prazo é de até 12 meses, podendo ser estendido para 30 meses, em determinados casos.[19]

3.3.1.2 Adiantamento sobre o Contrato de Câmbio

O ACC é feito por uma instituição financeira ao exportador antes de realizado o embarque da mercadoria. Em regra, está condicionado a uma venda já efetivada. Nesse caso, o vendedor/exportador recebe um adiantamento do banco, em moeda nacional, igual ao valor que será pago pelo comprador em razão do contrato de câmbio que viabiliza a operação de exportação.[20] O ACC sujeita-se ao disposto na Circular nº 3.280/2005 do Banco Central do Brasil.*

3.3.2 Financiamentos pós-embarque

Além dos financiamentos pré-embarque, os incentivos à ex-

* Detalhes da circular, incluindo suas atualizações, podem ser obtidos no site: <http://www5.bcb.gov.br/normativos/detalhamentocorreio.asp?N=105041316&C=3280&AS S=CIRCULAR+3.280&id=buscanorma>.

portação podem ser concedidos após o embarque da mercadoria para o exterior: trata-se dos financiamentos pós-embarque. Enquanto os anteriores estão mais relacionados com a produção, estes se voltam para a comercialização. Os principais financiamentos pós-embarque são: Adiantamento sobre Cambiais de Exportação (ACE), Programa de Financiamento às Exportações (Proex) e Programa BNDES Exim Pós-Embarque.

3.3.2.1 *Adiantamento sobre Cambiais de Exportação*

O ACE assemelha-se, em muito, à sistemática de desconto de duplicata mercantil. Por essa razão, o benefício fiscal varia conforme os resultados da negociação entre o vendedor exportador e a instituição financeira para a qual ele pede o adiantamento.[21] Para fazer essa solicitação, o exportador se dirige a uma instituição autorizada para operar com câmbio, levando consigo o contrato de câmbio e os documentos representativos da venda, entre os quais a letra de câmbio ou saque. Valem para o ACE as vantagens e obrigações do ACC. O ACE tem prazo máximo de 210 dias, limitado ao prazo de pagamento dos saques de exportação.

3.3.2.2 *Programa de Financiamento às Exportações*

O Programa de Financiamento às Exportações (Proex) foi criado pelo governo federal em 1991, objetivando proporcionar às exportações brasileiras condições de financiamento equivalentes às do mercado internacional. Atualmente previsto na Lei nº 10.184/2001 (e alterações posteriores), o Proex possui duas modalidades: Proex Financiamento e Proex

Equalização. Em ambas, o programa apóia a exportação de bens e serviços – a Portaria nº 232/2007 do Ministério do Desenvolvimento, Indústria e Comércio Exterior traz a lista dos bens e serviços financiáveis. Os recursos do Proex, administrados pelo Banco do Brasil, provêm do Tesouro Nacional e são previstos anualmente no Orçamento Geral da União. O pedido de financiamento é feito por meio do preenchimento do Registro de Operação de Crédito no Siscomex. O prazo de pagamento do financiamento ou da equalização de taxas de juros varia de dois meses a dez anos, e as exportações podem ser realizadas individualmente ou em pacote. Entende-se por pacote de exportação a venda, numa única transação, de produtos de natureza semelhante, mas com prazos de pagamento distintos. O prazo de pagamento do pacote de exportação é ditado pela mercadoria ou conjunto de mercadorias de maior prazo, quando o valor a um deles atribuído representa parcela igual ou superior a 60% do valor da exportação. Para os demais casos, prevalece a média ponderada dos prazos, em função do valor de cada mercadoria. O Proex não financia nem paga equalização de taxas de juros sobre comissão de agente.*

※ *Para saber mais detalhes sobre o Proex, recomenda-se a obra de Barbosa (2004, p. 328).*

※※ *Para ler a Circular nº 176 na íntegra, acessar o site: <http://www.bndes.gov.br/produtos/download/eximpos/Ct-circ176.PDF>.*

3.3.2.3 *Programa BNDES Exim Pós-Embarque*

O Programa de Financiamento Exim Pós-Embarque do BNDES está contido em sua Circular nº 176/2002, que "redefine os critérios aplicáveis às operações do Programa BNDES Exim Pós-embarque".** À semelhança do Proex, esse programa visa a refinanciar exportações de bens com índice de nacionalização em valor igual ou superior a 60% e serviços,

* *A sigla Incoterms refere-se aos termos ou condições de venda que definem, nas transações internacionais de mercadorias, as condições em que os produtos devem ser exportados. Criados pela Câmara de Comércio Internacional, os Incoterms são universalmente usados no âmbito do comércio internacional. Para mais detalhes, ver Bizelli (2000).*

garantidas por carta de crédito (*supplier's credit*), mediante o desconto de títulos de crédito, letras de câmbio ou notas promissórias ou a cessão dos direitos creditórios. Podem se beneficiar desse incentivo pessoas jurídicas exportadoras constituídas pelas leis brasileiras, com sede e administração no Brasil, incluindo *trading companies* e empresas comerciais exportadoras. O programa financia até 100% do valor da exportação, em qualquer Incoterm* pactuado com o importador constante no Registro de Operações de Crédito do Siscomex. O prazo para pagamento é de até 12 anos, incluída carência de 6 a 24 meses, não podendo ultrapassar o prazo fixado no Registro de Operações de Crédito. No caso de exportação de bens, o prazo da operação será sempre contado a partir da data do embarque. No caso de serviços, o início da contagem será definido em função das características de cada operação.

iscais d

àmbito

restrito

comér

4

Benefícios fiscais de âmbito restrito no comércio exterior

Neste quarto e último capítulo, conclui-se a análise relativa aos benefícios fiscais referentes às operações de comércio exterior. Ao contrário do capítulo terceiro, aqui são abordados os benefícios fiscais de âmbito restrito, considerados aqueles que se limitam a determinado setor da economia ou a determinada região. Nesse sentido, analisam-se as isenções e reduções de tributos contidas no Regulamento Aduaneiro, o regime de Ex-Tarifário do Imposto de Importação e os regimes aduaneiros especiais aplicados tanto em setores quanto em áreas específicos. Por fim, dedica-se um item à transferência entre regimes aduaneiros especiais.

4.1 Isenções e reduções de tributos no Regulamento Aduaneiro

Mencionem-se, inicialmente, as situações de isenção previstas no Regulamento Aduaneiro relativamente ao II. Antes de tudo, essa norma reforça o princípio da legalidade em sede de isenção ou redução desse imposto, ao determinar que somente será reconhecida quando decorrente de lei ou tratado internacional (Decreto nº 4.543/2002, art. 114). A menção aos tratados internacionais é, de fato, importante, já que inúmeras isenções são decorrentes deles. Nos termos do regulamento, o tratamento aduaneiro decorrente de ato internacional aplica-se exclusivamente à mercadoria originária do país beneficiário (Decreto nº 4.543/2002, art. 116).

O art. 35 do Decreto nº 4.543/2002 esclarece as situações em que é possível as isenções ou reduções do II:

> [...]
> Art. 135. São concedidas isenções ou reduções do imposto de importação:
> I – às importações realizadas:
> a) pela União, pelos Estados, pelo Distrito Federal, pelos Territórios, pelos Municípios e pelas respectivas autarquias (Lei nº 8.032, de 1990, art. 2º, inciso I, alínea "a", e Lei nº 8.402, de 8 de janeiro de 1992, art. 1º, inciso IV);
> b) pelos partidos políticos e pelas instituições de educação ou de assistência social (Lei nº 8.032, de 1990, art. 2º, inciso I, alínea "b", e Lei nº 8.402, de 1992, art. 1º, inciso IV);

c) pelas Missões Diplomáticas e Repartições Consulares de caráter permanente e pelos respectivos integrantes (Lei nº 8.032, de 1990, art. 2º, inciso I, alínea "c", e Lei nº 8.402, de 1992, art. 1º, inciso IV);

d) pelas representações de organismos internacionais de caráter permanente, inclusive os de âmbito regional, dos quais o Brasil seja membro, e pelos respectivos integrantes (Lei nº 8.032, de 1990, art. 2º, inciso I, alínea "d", e Lei nº 8.402, de 1992, art. 1º, inciso IV);

e) pelas instituições científicas e tecnológicas;

[...]

A rigor, cuida-se aqui das situações de imunidade previstas na Constituição.

Além disso, são também concedidas isenções ou reduções do II nos casos de importação de livros, jornais, periódicos e do papel destinado à sua impressão; amostras e remessas postais internacionais, sem valor comercial; remessas postais e encomendas aéreas internacionais destinadas a pessoa física; bagagem de viajantes procedentes do exterior ou da Zona Franca de Manaus; bens adquiridos em loja franca no país; bens trazidos do exterior, no comércio característico das cidades situadas nas fronteiras terrestres; bens importados sob o regime aduaneiro especial de *Drawback*, na modalidade Isenção; gêneros alimentícios de primeira necessidade; fertilizantes e defensivos para aplicação na agricultura ou na pecuária, bem como matérias-primas para sua produção no país; partes, peças e componentes destinados ao reparo, revisão e manutenção de aeronaves e de embarcações; medicamentos destinados ao tratamento de aidéticos e instrumental científico destinado à pesquisa da aids.

São ainda concedidas aos bens importados pelas áreas de livre comércio; às importações efetuadas para a Zona Franca de Manaus e para a Amazônia Ocidental; às mercadorias estrangeiras vendidas por entidades beneficentes em feiras, bazares e eventos semelhantes; às mercadorias destinadas a consumo no recinto de congressos, feiras, exposições internacionais e outros eventos internacionais assemelhados; aos objetos de arte recebidos em doação por museus; aos materiais, equipamentos, máquinas, aparelhos e instrumentos importados e seus respectivos acessórios, sobressalentes e ferramentas que os acompanhem, destinados à construção do Gasoduto Brasil-Bolívia; às partes, peças e componentes importados destinados ao emprego na conservação, modernização e conversão de embarcações registradas no Registro Especial Brasileiro; aos bens destinados a coletores eletrônicos de votos; aos equipamentos e materiais destinados, exclusivamente, ao treinamento de atletas e às competições desportivas relacionados com a preparação das equipes brasileiras para jogos olímpicos, paraolímpicos e parapan-americanos (Decreto nº 4.543/2002, art. 135).*

Além das isenções indicadas anteriormente, prevê-se ainda a concessão de uma redução de 40% do imposto incidente sobre a importação de partes, peças, componentes, conjuntos e subconjuntos, acabados e semi-acabados, e pneumáticos destinados exclusivamente aos processos produtivos das empresas montadoras e dos fabricantes de automóveis e comerciais leves, ônibus, caminhões, reboques e semi-

* Observe-se que a previsão contida no art. 135 do Regulamento Aduaneiro é genérica, sem detalhes a respeito de como e em que extensão o benefício será concedido. Na grande maioria dos casos, como se verá abaixo, existe norma complementar sobre o assunto.

reboques, chassis com motor, carrocerias, tratores rodoviários para semi-reboques, tratores agrícolas e colheitadeiras, máquinas rodoviárias, autopeças, componentes, conjuntos e subconjuntos necessários à produção dos veículos listados aqui, incluídos os destinados ao mercado de reposição (Decreto nº 4.543/2002, art. 136).

No que se refere a exigências gerais, o Regulamento Aduaneiro determina que a concessão e o reconhecimento de qualquer benefício fiscal relativo ao II ficam condicionados à comprovação pelo contribuinte, pessoa física ou jurídica, da quitação de tributos e contribuições federais (Decreto nº 4.543/2002, art. 118). Além disso, a regra determina que o reconhecimento da isenção ou da redução do imposto será efetivado, em cada caso, pela autoridade aduaneira, com base em requerimento – que pode ser feito na própria DI –, no qual o interessado faça prova do preenchimento das condições e do cumprimento dos requisitos previstos em lei ou em contrato para sua concessão (Decreto nº 4.543/2002, art. 120).

Se a isenção ou a redução disserem respeito à qualidade do importador, à transferência de propriedade ou à cessão e uso dos bens, a qualquer título, obrigam ao prévio pagamento do imposto (Decreto nº 4.543/2002, art. 123). Essa regra sofre, no entanto, várias exceções. Por outro lado, a isenção ou a redução, quando vinculadas à destinação dos bens, ficarão condicionadas à comprovação posterior do seu efetivo emprego nas finalidades que motivaram a concessão (Decreto nº 4.543/2002, art. 131).

O regulamento menciona ainda as hipóteses de isenção ou redução do IPI. Estipula que serão desembaraçados com suspensão do pagamento desse imposto os componentes, chassis, carroçerias, acessórios, partes e peças dos produtos autopropulsados classificados nas posições 84.29, 84.32, 84.33, 87.01 a 87.06 e 87.11 da NCM, quando importados diretamente por estabelecimento industrial (Decreto nº 4.543/2002, art. 246). Haverá ainda suspensão do IPI no caso de matérias-primas, produtos intermediários e materiais de embalagem importados diretamente por pessoas jurídicas preponderantemente exportadoras e por estabelecimento industrial fabricante dos bens mencionados acima e de produtos classificados em diversos capítulos da NCM (Decreto nº 4.543/2002, art. 247).

4.2 Ex-Tarifário do Imposto de Importação

O regime de Ex-Tarifário* é um mecanismo para redução de custo na aquisição de bens de capital e de informática e telecomunicação. Consiste na redução temporária da alíquota do II desses bens (assinalados como BK e BIT, na TEC do Mercosul), quando não forem produzidos no país. Trata-se, assim, de uma exceção à tarifa (daí porque a utilização do termo *ex*) incidente sobre os produtos classificados em determinado subitem da NCM. A redução é válida por um período prefixado, que atualmente é de até dois anos, com possibilidade de prorrogação. Sua previsão legal está contida na Resolução nº 35/2006 da Camex.

Para melhor entendimento desse regime, imagine-se o seguinte exemplo: a NCM 8406.90 refere-se às partes de turbinas a vapor, sendo o subitem 8406.90.90 relativo a outras palhetas. Considere que o II (TEC, no caso) para esse subitem

* *Para saber mais detalhes sobre o assunto, recomenda-se a obra de Dalston (2005b).*

seja de 20%. Isso significa dizer que todas as outras palhetas importadas pelo Brasil estão sujeitas ao recolhimento do tributo com base nessa alíquota. Considere-se agora que essas outras palhetas incluem o produto segmentos de injetor para turbinas a vapor, não fabricado no Brasil. Nesse caso, poderá haver o pedido de Ex-Tarifário, de forma a fazer com que a alíquota incidente sobre esse produto seja, por exemplo, de 4%. Assim, a regra para o II relativo à NCM 8406.90.90 é uma alíquota de 20%, mas, para essa mesma NCM, haverá uma exceção *ex 001*, prevendo uma alíquota menor para o II.

Qualquer importador pode se beneficiar do regime de Ex-Tarifário. Para tanto, é necessário observar alguns procedimentos. Inicialmente, o interessado, que deve ser empresa brasileira ou associação de classe, deve encaminhar pedido escrito à Secretaria de Desenvolvimento da Produção (SDP), por meio do protocolo geral do Ministério do Desenvolvimento, Indústria e Comércio Exterior (MDIC). O pedido deve conter informações sobre a empresa ou entidade de classe solicitante; sobre o produto a ser importado; sobre a previsão de importação; sobre os objetivos e investimentos pretendidos com o regime (Portaria nº 35/2006, arts. 3º e 4º).

Uma vez recebido o pedido, a SDP faz uma análise prévia da documentação e, em seguida, encaminha o requerimento à Receita Federal, que fará o exame de classificação tarifária e de adequação da NCM. Em seguida, o processo é devolvido à SDP, já com a classificação fiscal do Ex-Tarifário e a respectiva proposta de descrição, para que o mérito seja, então, analisado pelo Comitê de Análise de Ex-Tarifários (CAEx).

Em primeiro lugar, o CAEx verifica a inexistência de produção nacional do produto objeto do pedido. O art. 7º da

Resolução nº 35/2006 estabelece as alternativas para a realização dessa tarefa:

> [...]
>
> Art. 7º Cabe ao Comitê de Análise de Ex-Tarifários – CAEx verificar a inexistência de produção nacional. Para isso poderá se valer das seguintes alternativas:
>
> I) Atestado ou declaração de comprovação de inexistência de produção nacional, para o produto solicitado, emitido por entidade idônea e qualificada para emitir documentos desta natureza;
>
> II) Consultas aos fabricantes nacionais de bens de capital, informática e telecomunicações, ou às suas entidades representativas, estabelecendo prazo de até 15 (quinze) dias corridos para a resposta e alertando aos interessados que, na ausência de manifestação, poderá ser considerado atendido o requisito de inexistência de produção nacional;
>
> III) Mecanismo de consulta pública com vistas a reunir subsídios para o exame de inexistência de produção nacional;
>
> IV) Laudo técnico elaborado por entidade tecnológica de reconhecida idoneidade e competência técnica, na hipótese de divergência quanto à existência de produção nacional.
>
> [...]

Nesse aspecto, convém mencionar que, nos termos do Regulamento Aduaneiro (Decreto nº 4.543/2002, art. 208), que reproduz previsão da Lei nº 9.784/1999 (que trata do processo no âmbito da Administração Pública Federal), caberá recurso, no prazo de dez dias, das decisões sobre apuração da similaridade, em face de razões de legalidade e de mérito. Esse recurso será dirigido à autoridade que proferiu a decisão, a qual, se não a reconsiderar no prazo de cinco dias, o encaminhará à autoridade superior.

Além da verificação de inexistência de produção nacional para aquele produto, a análise do CAEx quanto à procedência do pedido deve levar em consideração os seguintes critérios, conforme o art. 6º da Resolução nº 35/2006:

> [...]
>
> Art. 6º A análise dos pleitos de que trata esta Resolução será realizada pelo Comitê de Análise de Ex-Tarifários – CAEx, instituído no âmbito do Ministério do Desenvolvimento, Indústria e Comércio Exterior, composto por um representante da Secretaria de Desenvolvimento da Produção, que o presidirá, da Secretaria de Comércio Exterior e da Secretaria Executiva da Camex, e levará em conta em sua recomendação final, além da inexistência de produção nacional, entre outros, os seguintes aspectos:
>
> a) Compromissos dos Fóruns de Competitividade das Cadeias Produtivas do Ministério do Desenvolvimento, Indústria e

Comércio Exterior;

b) Política para o desenvolvimento da produção do setor a que pertence a entidade ou empresa solicitante;

c) Absorção de novas tecnologias; e

d) Investimento em melhoria de infra-estrutura.

[...]

Como próximo passo, o CAEx encaminhará para a Camex suas recomendações sobre a concessão de Ex-Tarifário, acompanhadas de proposta de resolução. O regime será, então, concedido por meio de resolução da Camex e terá vigência de até dois anos (Resolução nº 35/2006, art. 2º). Por fim, convém esclarecer que o pedido para concessão do regime é feito de forma individual, mas, uma vez concedido, o benefício se estende para todos aqueles que quiserem importar o respectivo produto durante o tempo de vigência da exceção.

4.3 *Regimes aduaneiros especiais aplicados em setores específicos*

Neste item, trata-se dos regimes aduaneiros especiais aplicados a determinados setores da economia. Portanto, os benefícios fiscais desses regimes não têm a mesma abrangência daqueles mencionados no capítulo terceiro. Cuida-se aqui dos seguintes: Recof, Recom, Repex, Repes, Recap, Reporto e Repetro.

4.3.1 Recof

O Regime de Entreposto Industrial sobre Controle Aduaneiro Informatizado é "o que permite a empresa importar, com ou sem cobertura cambial, e com suspensão do pagamento de tributos, sob controle aduaneiro informatizado, mercadorias que, depois de submetidas a operação de industrialização, sejam destinadas a exportação" (Decreto nº 4.543/2002, art. 372). O Recof foi originalmente instituído pelo art. 89 do Decreto-Lei nº 37/1966 e, atualmente, está regulamentado pela Instrução Normativa nº 757/2007 da Receita Federal.

Ele diz respeito à importação de mercadorias, sendo seus benefícios vinculados à destinação do produto, que entra em território nacional para ser exportado. Guarda, assim, certa similitude com o regime de *Drawback*. De se notar, porém, que o próprio Regulamento Aduaneiro contempla outras duas possibilidades de destinação da mercadoria: reexportação e destruição (Decreto nº 4.543/2002, art. 372, § 2º). Além disso, permite que parte da mercadoria introduzida sob o regime do Recof seja despachada para consumo (Decreto nº 4.543/2002, art. 372, § 1º).

O Recof permite a suspensão do pagamento de tributos para empresas que importarem ou adquirirem no mercado interno mercadorias destinadas a operações de industrialização de produtos voltados à exportação ou ao mercado interno (IN nº 757/2007, art. 1º). Da leitura do dispositivo, portanto, observa-se que há quatro hipóteses:

a) importar produtos que serão industrializados e remetidos ao exterior;

b) importar produtos que serão industrializados e vendidos no mercado interno;

c) comprar no mercado interno produtos que serão industrializados e remetidos ao exterior;

d) comprar no mercado interno produtos que serão industrializados e vendidos no mercado interno.

Note-se também pela leitura do dispositivo que o Recof tem como fundamento a industrialização de produtos, sendo essa a base para os benefícios que serão auferidos pela indústria. Convém que se mencione, como se viu, que não importa a origem do produto (interna ou externa) nem a destinação deles (mercado interno ou externo). Entretanto, conforme se verá abaixo, a destinação da mercadoria para o mercado interno não é a regra, já que o Recof é um regime especial preponderantemente voltado para a exportação.

A industrialização a que se refere o Recof abrange as ações de montagem, transformação, beneficiamento, acondicionamento e reacondicionamento de produtos e suas partes, podendo incluir outros tipos de produtos, inclusive usados, relacionados com essas atividades (IN n° 757/2007, art. 2°). De maneira geral, quatro são os grupos de produtos ou setores industriais que podem receber os benefícios. Cada grupo relaciona-se com um Recof específico. São eles: produtos do setor aeronáutico (Recof Aeronáutico), do setor automotivo (Recof Automotivo), do setor de informática ou de telecomunicações (Recof Informática) e do setor de semicondutores e de componentes de alta tecnologia para eletrônica, informática ou telecomunicações (Recof Semicondutores).

Os benefícios concedidos são de natureza tributária. Em relação às mercadorias admitidas no regime, tenham elas origem nacional ou estrangeira, ficam suspensos os tributos federais incidentes (II, IPI, PIS/Pasep, Cofins e AFRMM). Já com relação ao ICMS, o benefício não é uniforme, ou seja, é dependente da legislação de cada estado da Federação.[1] Veja-se, portanto, que não se fala em cancelamento dos tributos. Ao contrário, a suspensão persistirá desde que o beneficiário efetivamente se adapte às condições do Recof; tanto é assim que, como se verá abaixo, o cancelamento do benefício implica o pagamento de todos os tributos que estavam suspensos, com os acréscimos legais.

O Recof não gera benefícios automáticos, ou seja, para fruição da suspensão dos tributos mencionados acima, é necessário que haja habilitação na Receita Federal. O art. 4º da IN nº 757/2007 discrimina quais empresas podem se habilitar nesse regime:

> [...]
> Art. 4º A aplicação do regime depende de prévia habilitação da empresa interessada na Secretaria da Receita Federal do Brasil (RFB).
> Parágrafo único. Poderá habilitar-se a operar o regime:
> I – a empresa industrial:
> a) fabricante de produtos constantes do Anexo I; ou
> b) fabricante de partes e peças para os produtos constantes do Anexo I; e
> II – a empresa que realize exclusivamente as operações de renovação ou recondicionamento, manutenção ou reparo de aeronaves

e de equipamentos e instrumentos de uso aeronáutico.

[...]

Em qualquer caso, a empresa interessada deve ter patrimônio líquido igual ou superior a R$ 25 milhões (ou R$ 5 milhões, no caso de empresa que realize reparos de instrumentos de uso aeronáutico), cumprir requisitos de regularidade fiscal, dispor de sistema informatizado que permita acesso da Receita Federal* e estar habilitada ao Despacho Aduaneiro Expresso (Linha Azul)**, entre outros critérios (IN nº 757/2007, art. 5º).

Os procedimentos para habilitação são os seguintes: a empresa interessada preenche formulário específico, ao qual anexa uma série de documentos relativos à sua situação, e o apresenta à unidade da Receita Federal com jurisdição sobre o domicílio de sua sede (IN nº 757/2007, art. 11). Em seguida, essa unidade da Receita verifica se as informações estão completas e, uma vez instruído o processo, encaminha-o para a Superintendência Regional, que decidirá sobre a habilitação (IN nº 757/2007, art. 12). Em caso de deferimento, a habilitação será concedida em caráter precário, por meio de ato declaratório executivo (IN nº 757/2007, art. 14).***

A precariedade está relacionada ao fato de que a habilitação no Recof não garante a fruição dos benefícios de forma permanente. De fato, a manutenção no regime fica condicionada à obrigação de exportar produtos industrializados (com as mercadorias admitidas no regime) no valor de, no mínimo, 50% do valor das mercadorias importadas ao amparo do Recof e aplicar, por ano, ao menos 80% das

* Os arts. 46 e seguintes da IN nº 757/2007 trazem os detalhes relativos ao controle do regime.

** Destinada a pessoas jurídicas industriais, a Linha Azul consiste em tratamento de despacho aduaneiro expresso nas operações de importação, exportação e trânsito aduaneiro. Está regulamentada pela IN nº 476/2004 da Receita Federal.

*** A empresa também tem a prerrogativa de solicitar a desabilitação do Recof, conforme o art. 20 da IN nº 757/2007.

mercadorias admitidas no Recof na produção dos bens industrializados. A IN nº 757/2007 estabelece critérios detalhados para fins de comprovação desses percentuais, cabendo à empresa apresentar relatório a respeito para a Receita Federal (IN nº 757/2007, art. 6º, *caput* e §§).

O beneficiário está sujeito a sanções administrativas que incluem advertência, suspensão e até cancelamento da habilitação (IN nº 757/2007, art. 16). O cancelamento, sanção mais grave, pode ocorrer, entre outros motivos, caso a empresa não cumpra as obrigações mencionadas acima e implica na obrigação de recolhimento, com os acréscimos legais, dos tributos suspensos em virtude do Recof. Além disso, a empresa só poderá habilitar-se novamente no regime depois de dois anos (IN nº 757/2007, art. 18).

As mercadorias importadas são admitidas no regime por meio de DI específica, formulada pelo importador no Siscomex (IN nº 757/2007, art. 21). Trata-se de DI para admissão, e não para consumo. Essas importações estão sujeitas ao tratamento de Linha Azul (IN nº 757/2007, art. 22) e, após o desembaraço, os produtos podem ser armazenados em porto seco ou depósito fechado do próprio beneficiário (IN nº 757/2007, art. 23). No caso de mercadorias nacionais, a admissão no regime se dá com base na nota fiscal emitida pelo fornecedor e é automática a partir da entrada da mercadoria no estabelecimento de empresa habilitada no Recof (IN nº 757/2007, arts. 27 e 28).

O prazo máximo de aplicação do regime é de um ano (período que pode ser prorrogado a pedido do interessado), contado da data do respectivo desembaraço aduaneiro ou da aquisição do produto no mercado interno (IN nº 757/2007, art. 30).* Outrossim, o regime também se extingue assim que o beneficiário der uma das seguintes destinações ao produto industrializado com mercadoria beneficiada pelo Recof: exportação, reexportação de mercadoria admitida sem cobertura cambial, transferência para outro beneficiário (IN nº 757/2007, art. 33), despacho para consumo, nas condições previstas, destruição sob controle aduaneiro, ou retorno ao mercado interno de mercadoria nacional no estado em que foi admitida no regime (IN nº 757/2007, art. 29).

4.3.2 Recom

O Regime Aduaneiro Especial de Importação de Insumos Destinados a Industrialização por Encomenda de Produtos Classificados nas Posições 8701 a 8705 da NCM é o que permite a importação, sem cobertura cambial, de chassis, carroçarias, peças, partes, componentes e acessórios (Decreto nº 4.543/2002, art. 381). Esse regime especial tem sua previsão no Regulamento Aduaneiro (arts. 381 a 384) e em legislação normativa complementar, da qual se destaca a Instrução Normativa nº 17/2000 da Receita Federal.

Esse regime é exclusivo para importações realizadas por conta e ordem de pessoa jurídica encomendante domiciliada no exterior (Decreto nº 4.543/2002, art. 381, parágrafo único). Os beneficiários do Recom são, portanto, as montadoras dos produtos classificados nas posições 8701 a 8705 da Tipi, domiciliadas no país e executoras da encomenda. O ingresso no Recom também depende de habilitação prévia na Receita Federal, devendo a empresa interessada ter capital social integralizado mínimo de R$ 5 milhões (IN nº 17/2000, art. 2º).

* O art. 40 da IN nº 757/2007 esclarece que, findo esse prazo de um ano, os tributos suspensos devem ser recolhidos com os acréscimos de juros e multa de mora.

O ato declaratório executivo será concedido pelo coordenador-geral do Sistema Aduaneiro (IN nº 17/2000, art. 11).

O benefício do Recom é a suspensão dos seguintes tributos federais: IPI, PIS/Pasep Importação e Cofins Importação. Frise-se que, nesse regime, deve haver o recolhimento do II relativo aos insumos estrangeiros. Contudo, o tributo pago será posteriormente restituído, mediante concessão de crédito fiscal, quando o produto for remetido ao exterior – trata-se, aqui, de situação que se enquadra na modalidade de *Drawback* Restituição (ver capítulo 3). A suspensão referida acima será concedida pelo prazo de um ano, contado da data do desembaraço aduaneiro, não se admitindo prorrogação desse prazo (IN nº 17/2000, art. 3º). Assim que houver a exportação do produto resultante da industrialização por encomenda, extingue-se o crédito tributário suspenso.

Há ainda a possibilidade de o produto industrializado ser destinado ao mercado interno. Nessa situação, serão suspensos os tributos caso a remessa seja feita a empresa comercial atacadista controlada, direta ou indiretamente, pela pessoa jurídica encomendante domiciliada no exterior, por conta e ordem desta (Decreto nº 4.543/2002, art. 383, II).

4.3.3 *Repex*

O Regime Aduaneiro Especial de Importação de Petróleo Bruto e seus Derivados permite a importação desses produtos, com suspensão do pagamento de impostos, para posterior exportação no mesmo estado em que foram importados (Decreto nº 4.543/2002, art. 416). A base legal para o regime é o Regulamento Aduaneiro, além de normas complementares, especialmente a Instrução Normativa nº 5/2001 da Receita Federal. Observe-se que se trata de um regime bastante específico, já que criado apenas para o comércio de petróleo e derivados, como se vê na tabela a seguir.* Além disso, o benefício da suspensão dos tributos está condicionado à posterior operação de exportação.

Tabela 4.1 *Produtos abrangidos pelo Repex*

NCM	Descrição
2709.00.10	Óleos brutos de petróleo
2710.00.29	Gasolina automotiva
2710.00.31	Querosene de aviação
2710.00.41	"Gasoleo" (óleo diesel)
2710.00.42	*"Fuel-Oil"* (óleo combustível)
2710.00.49	Outros óleos combustíveis
2711.19.10	Gás liquefeito de petróleo (GLP)

Para se beneficiar do Repex, a empresa interessada deve se habilitar na Receita Federal. Como condição para tal, é necessário que tenha autorização da Agência Nacional de Petróleo para importar e exportar os produtos beneficiados pelo regime (Decreto nº 4.543/2002, art. 417). Além do comprovante de autorização, deve ainda ser anexada ao requerimento a documentação técnica que comprove a existência de sistema de controle informatizado relativo ao regime (IN nº 5/2001, art. 5º). A habilitação será concedida por meio de ato declaratório executivo do secretário da Receita Federal.

A admissão dos produtos no Repex pressupõe a realização

* *A tabela reproduz o conteúdo do Anexo da IN nº 5/2001.*

de despacho aduaneiro, que tem como base a DI do respectivo produto, registrada no Siscomex pela empresa habilitada. A ocorrência do benefício fiscal de suspensão dos tributos incidentes sobre a importação depende ainda de formalização de termo de responsabilidade. Não se exige do importador, porém, prestação de garantia relativa ao crédito tributário suspenso (IN nº 5/2001, art. 7º).

Uma vez admitida no Repex, a mercadoria importada poderá permanecer no regime pelo período de até 90 dias, prorrogável uma vez a pedido do interessado (desde que a solicitação seja feita durante a vigência do regime), contado a partir da data do desembaraço aduaneiro. Já que existe vinculação do benefício a posterior exportação, deve ser, então, realizada a exportação do produto importado ou de produto nacional similar, em igual quantidade e idêntica classificação fiscal, antes do final do período mencionado (IN nº 5/2001, arts. 9º e 10). Caso contrário, serão exigidos os impostos suspensos, com os acréscimos legais e penalidades cabíveis, devendo ser considerada, na determinação da exigência, a data de registro da declaração de admissão das mercadorias no regime (Decreto nº 4.543/2002, art. 421, § 3º).

4.3.4 *Repes*

O Regime Especial de Tributação para a Plataforma de Exportação de Serviços de Tecnologia da Informação é um dos regimes especiais instituídos pela Lei nº 11.196/2005 (a chamada Lei do Bem). Regulamentado pelo Decreto nº 5.712/2006 e pela Instrução Normativa nº 630/2006 da Receita Federal, o Repes está voltado predominantemente para a exportação, visando a beneficiar empresas que exercem atividades de desenvolvimento de *software* ou de prestação de serviços de tecnologia da informação. Note-se que não envolve apenas mercadorias, mas também serviços.

Os benefícios estabelecidos pelo Repes envolvem a suspensão de tributos federais para produtos e serviços adquiridos por empresa favorecida por esse regime. Como se verá a seguir, essa suspensão pode se converter em alíquota zero e isenção desses tributos, conforme o caso. Assim, ficam suspensos o PIS/Pasep e a Cofins incidentes sobre a receita bruta decorrente da venda de bens novos adquiridos por empresa beneficiária para incorporação em seu ativo imobilizado ou auferida pela prestação de serviços a essas mesmas empresas. Note-se que esses benefícios são estabelecidos para empresas que fornecem bens ou serviços para empresa habilitada no Repes.

No entanto, as próprias empresas habilitadas nesse regime se beneficiam da suspensão de tributos, como o PIS/Pasep Importação e a Cofins Importação que incidam sobre bens novos que comporão seu ativo imobilizado e sobre serviços por elas importados. No que se refere à importação de bens, a suspensão também se estende para o IPI. De se observar, nesse sentido, que a legislação do Repes não inclui como benefício a suspensão do II.

Deve-se mencionar ainda que tais benefícios, que se estendem tanto para as empresas habilitadas no Repes quanto para seus fornecedores, somente se aplicam aos bens ou serviços destinados ao desenvolvimento no país de *softwares* e serviços de tecnologia da informação.[2] Quanto aos bens, os benefícios atingem especificamente os itens descritos na posição 71 do capítulo 84, na subposição 8473.30, e na

Tabela 4.2 *Bens e serviços abrangidos pelo Repes*

Bens		Serviços
NCM	Descrição	Armazenagem, gerenciamento, processamento e transmissão de dados; desenvolvimento de *software*; suporte técnico em equipamentos de informática, sistemas de comunicação e *softwares*; assessoria e consultoria em sistemas de comunicação e tecnologia da informação; manutenção e atualização de equipamentos de informática, sistemas de comunicação e *softwares*; certificação digital e administração de redes.
84.71	Máquinas automáticas para processamento de dados e suas unidades; leitores magnéticos ou ópticos, máquinas para registrar dados em suporte sob forma codificada, e máquinas para processamento desses dados, não especificadas nem compreendidas em outras posições.	
8473.30	Partes e acessórios das máquinas da posição 84.71.	
85.17	Aparelhos telefônicos, incluídos os telefones para redes celulares e para outras redes sem fio; outros aparelhos para transmissão ou recepção de voz, imagens ou outros dados, incluídos os aparelhos para comunicação em redes por fio ou redes sem fio, tal como uma rede local (LAN) ou uma rede de área estendida (WAN), exceto os aparelhos das posições 84.43, 85.25, 85.27 ou 85.28.	

posição 17 do capítulo 85 da Tipi. Os serviços estão descritos no anexo do Decreto nº 5.713/2006. A Tabela 4.2 especifica quais são eles.

Assim como ocorre com os demais regimes especiais, a fruição dos benefícios depende de habilitação da empresa interessada na Receita Federal. Nesse sentido, o Repes é bem mais restrito que o Recof, já que se destina a empresas que exerçam exclusivamente atividades de desenvolvimento de *softwares* ou de prestação de serviços de tecnologia da informação. Como condição inicial para a habilitação, a empresa não pode ter suas receitas, no todo ou em parte, submetidas ao regime de incidência cumulativa do PIS/Pasep e da Cofins, não pode ser optante do Simples, nem estar em situação irregular em relação aos tributos administrados pela Receita (IN nº 630/2006, art. 4º, § 1º).

Para a habilitação nesse regime, é necessário preencher formulário específico e apresentá-lo à Delegacia da Receita Federal (DRF) ou à Delegacia da Receita Federal de Administração Tributária (Derat) com jurisdição sobre o estabelecimento da empresa. Nesse formulário, consta o compromisso de que a empresa manterá sua receita bruta decorrente de exportação em percentual igual ou superior a 80% de sua receita bruta anual de venda de bens e serviços, durante o período de três anos subseqüentes ao início do uso dos bens adquiridos com os benefícios do regime e durante o período de um ano subseqüente àquele em que ocorreu a prestação dos serviços adquiridos com esses mesmos benefícios.[3] A observância desse compromisso é fundamental para a aplicação do Repes.

Uma vez recebido o pedido e verificada a adequação

das informações e documentos nele contidos, a habilitação é concedida por meio de ato declaratório executivo emitido pelo Delegado da DRF ou da Derat. Em caso de indeferimento, a empresa pode recorrer em única instância para a Superintendência Regional da Receita Federal, desde que o faça dentro do prazo de dez dias (IN nº 630/2006, art. 7º, *caput* e § 2º). Uma vez habilitada, a empresa deve, como se mencionou acima, respeitar o compromisso de exportação previsto. A IN nº 630/2006 estabelece detalhadamente a forma de verificação dos percentuais acima referidos.[4]

No que diz respeito à aplicação do regime, recorde-se que os benefícios envolvem a suspensão do PIS/Pasep e da Cofins incidentes sobre a receita de venda interna de bens e serviços e do PIS/Pasep Importação e da Cofins Importação incidentes sobre a importação de serviços e bens novos, havendo, nesse último caso, também a suspensão do IPI. No entanto, depois de cumpridos os compromissos de exportação, a suspensão converte-se em alíquota zero, no caso das contribuições do PIS/Pasep e da Cofins, e em isenção, no caso do IPI (IN nº 630/2006, art. 11).

Da mesma forma como nos outros regimes, a empresa interessada pode pedir cancelamento da habilitação no Repes, bastando, para tanto, que encaminhe pedido à DRF ou à Derat. Além disso, o cancelamento pode ocorrer por iniciativa desses órgãos, caso, por exemplo, os compromissos de exportação não sejam cumpridos. Além de impossibilitar nova habilitação no Repes durante dois anos, o cancelamento por iniciativa da Receita Federal implica a obrigatoriedade de recolhimento dos tributos suspensos, acrescidos de juros e multa de mora (IN nº 630/2006, arts. 9º e 13).

4.3.5 Recap

O Regime Especial de Aquisição de Bens de Capital para Empresas Exportadoras é outro regime especial instituído pela Lei nº 11.196/2005. Regulamentado pelo Decreto nº 5.649/2005 e pela IN nº 605/2006 da Receita Federal, o Recap visa a beneficiar empresas exportadoras que pretendam adquirir bens de capital no mercado interno ou no mercado internacional. Na verdade, assim como ocorre com o Repes, os benefícios do Recap não são exclusivos das empresas exportadoras, pois se estendem igualmente às empresas nacionais que fornecem bens de capital para as empresas habilitadas nesse regime.

Quanto aos benefícios propriamente ditos, o Recap suspende as exigências do PIS/Pasep e da Cofins incidentes sobre a receita bruta na venda de bens de capital a empresa habilitada no regime para incorporação no seu ativo imobilizado (a empresa fornecedora é a beneficiária) e sobre a importação dos bens de capital diretamente pela empresa habilitada (que é, portanto, a beneficiária). Note-se que o Recap, ao contrário do Repes, não faz menção à suspensão do IPI e, por definição, não se destina à aquisição de serviços. Mas, da mesma forma que o Repes, não inclui a suspensão do II. Portanto, seus benefícios são menores que os do Repes.

Assim como os demais regimes especiais, a fruição desses benefícios depende de habilitação da empresa interessada na Receita Federal. Essa habilitação pode ser solicitada por pessoa jurídica preponderantemente exportadora, ou por pessoa jurídica que, não sendo exportadora, assuma compromisso de exportação, ou por estaleiro naval. Como no Repes, a empresa não pode ter suas receitas, no todo ou em parte, submetidas ao regime de incidência cumulativa do PIS/Pasep e da Cofins, não pode ser optante do Simples, nem estar em situação irregular em relação aos tributos administrados pela Receita (IN nº 605/2006, art. 4º, parágrafo único).

A habilitação no Recap segue os mesmos procedimentos que os exigidos no Repes: deve-se preencher formulário específico, juntar os documentos necessários e apresentá-los à DRF ou à Derat com jurisdição sobre o estabelecimento da empresa. No formulário, a empresa, se for preponderantemente exportadora, assume o compromisso de manter sua receita bruta decorrente de exportação em percentual igual ou superior a 80% de sua receita bruta total de venda de bens e serviços nos dois anos subseqüentes ao início do uso dos bens adquiridos no regime. No caso de empresa em início de atividade ou que não seja preponderantemente exportadora, o período objeto do compromisso de exportação é de três anos, e não dois (IN nº 605/2006, art. 8º).

Depois de recebido o pedido e verificada a adequação das informações e documentos nele contidos, o delegado da DRF ou da Derat concede ou não a habilitação – em caso negativo, a empresa pode recorrer à Superintendência Regional, no prazo de dez dias (IN nº 605/2006, art. 10). Uma vez habilitada, a empresa passa a ter de respeitar o compromisso de exportação previsto, que é o elemento central do Recap. O cancelamento da habilitação pode ocorrer a pedido da empresa ou por iniciativa da Receita Federal. Nesse último caso, tal como no Repes, o cancelamento implica o recolhimento dos tributos suspensos, mais os acréscimos legais (IN nº 605/2006, art. 12).

Quanto à aplicação do regime, recorde-se que o Recap

tem como fundamento a aquisição de bens de capital, seja no mercado local, seja no mercado externo. Esses bens, para efeito dos benefícios, estão previstos atualmente no Decreto nº 5.789/2006 e incluem produtos dos capítulos 73, 82, 84, 85, 86, 87, 89 e 90 da Tipi. Trata-se de um universo bem mais abrangente do que aquele relativo ao Repes. No Recap, a suspensão das contribuições também converte-se em alíquota zero após cumprido o compromisso de exportação (dois ou três anos, conforme o caso) ou, no caso de estaleiro naval, após 18 meses.

4.3.6 Reporto

O Regime Tributário para Incentivo à Modernização e à Ampliação da Estrutura Portuária foi instituído pelo art. 13 da Lei nº 11.033/2004. A IN nº 477/2004 da Receita Federal estabelece os critérios relativos à habilitação no regime. Diferentemente da maioria dos regimes especiais vistos anteriormente, a mercadoria importada via Reporto é destinada ao ativo imobilizado da empresa beneficiária, que poderá ser o operador portuário, o concessionário de porto organizado, o arrendatário de instalação portuária de uso público e a empresa autorizada a explorar instalação portuária de uso privativo misto.

O benefício previsto pelo Reporto é a suspensão dos tributos federais incidentes sobre a importação (II, IPI, PIS/Pasep Importação e Cofins Importação) de máquinas e equipamentos para utilização exclusiva em portos na execução de serviços de carga, descarga e movimentação de mercadorias*. A aquisição de bens no mercado nacional também é feita com suspensão de tributos – no caso, IPI, PIS/Pasep e

* O Decreto nº 5.281/2004 estabelece a relação das máquinas e equipamentos que podem ser importados sob o Reporto.

Cofins. A suspensão do II e do IPI é convertida em isenção após o decurso do prazo de cinco anos. Com relação às contribuições do PIS/Pasep e da Cofins, a suspensão converte-se em taxação pela alíquota zero, que tem o mesmo efeito da isenção (Lei nº 11.033/2004, art. 14).

Há uma importante observação a ser feita no que se refere à importação: somente são enquadradas no regime as importações de bens sem similar nacional capaz de substituí-los em condições de preço, qualidade e prazo de entrega (Lei nº 11.033/2004, art. 14, § 4º). Em razão da necessidade de exame de similaridade, as importações no âmbito do Reporto estão sujeitas a licenciamento não-automático (Portaria Secex nº 36/2007, art. 9º, II, "d", c/c art. 34). Além disso, para se beneficiarem do Reporto*, as importações devem ser realizadas até 2010.[5] Outra exigência é que a mercadoria importada seja transportada exclusivamente em navio de bandeira brasileira (Decreto nº 4.543/2002, art. 210).

Para usufruir os benefícios do Reporto, a empresa interessada deve se habilitar na Receita Federal. Como condições para a habilitação, deve estar em situação regular no que se refere aos tributos administrados por esse órgão e, além disso, deter: o direito de exploração, no caso de porto organizado; o direito de construir, reformar, ampliar, melhorar, arrendar e explorar, em se tratando de instalação portuária de uso público ou de instalação portuária de uso privativo misto ou a pré-qualificação para a execução de operação portuária, no caso de operador portuário (IN nº 477/2004, art. 2º).

O pedido, instruído com os documentos pertinentes, deve ser encaminhado à unidade da Receita Federal com jurisdição sobre o estabelecimento da empresa interessada.

* *O prazo anterior, estabelecido no art. 16 da Lei nº 11.033/2004, encerrava em 31/12/2007, mesma data em que foi publicada no Diário Oficial a prorrogação para 2010.*

A habilitação é concedida por ato declaratório executivo do chefe da unidade para onde o pedido foi encaminhado. Em caso de indeferimento, cabe recurso, no prazo de até dez dias, à Superintendência Regional (IN nº 477/2004, arts. 3º a 6º).

Uma vez habilitada, a empresa pode proceder à importação sob o Reporto. O primeiro passo é a obtenção do Licenciamento para Importação. Como se trata de licenciamento não-automático, há necessidade de anuência do Decex. Cabe ao importador remeter a esse departamento todos os documentos e catálogos pertinentes ao bem a importar. Subsidiariamente, o Decex consulta a Associação Brasileira dos Fabricantes de Máquinas e Equipamentos (Abimaq) sobre a existência de fabricantes nacionais dos bens que se pretende importar com suspensão de tributos.

Obtido o licenciamento, o beneficiário realiza o registro da DI correspondente no Siscomex, para fins de despacho aduaneiro. Por fim, quando do desembaraço, há a formalização do termo de responsabilidade entre o importador e a Receita Federal relativamente aos tributos suspensos.

4.3.7 Repetro

O Regime Aduaneiro Especial de Exportação e de Importação de Bens Destinados às Atividades de Pesquisa e de Lavra das Jazidas de Petróleo e de Gás Natural está previsto no Regulamento Aduaneiro (arts. 411 a 415) e em normas complementares, das quais se destaca a IN nº 4/2001 da Receita Federal. Sua finalidade principal é desonerar dos tributos federais o fornecimento de bens* para a exploração e a produção de petróleo e gás natural.

* O Anexo da IN nº 4/2001 descreve os produtos específicos que podem ser admitidos no Repetro; quanto à classificação fiscal, estão envolvidas as seguintes NCMs: 8481.80; 8906.00; 8905.90.00 e 8906.00; 9015.10, 9015.20, 9015.30, 9015.40, 9015.80 e 9015.90; 8431.43; 8905.90; 8904.00; 7304.29; 8430.41 e 8430.49; 8905.90; 8905.20; 8479.89.

O Repetro prevê diferentes tratamentos aduaneiros, cada qual estabelecendo um benefício fiscal distinto, conforme a IN nº 4/2001, art. 3º:

> [...]
> Art. 3º O Repetro será aplicado mediante utilização dos seguintes tratamentos aduaneiros:
> I – exportação, com saída ficta do território nacional, e posterior concessão do regime especial de admissão temporária aos bens exportados;
> II – importação, sob o regime de drawback, na modalidade de suspensão do pagamento dos impostos incidentes, de matérias-primas, produtos semi-elaborados e partes e peças, para a produção de bens a serem exportados nos termos do inciso anterior; e
> III – concessão do regime especial de admissão temporária, quando se tratar de bens estrangeiros ou desnacionalizados que procedam diretamente do exterior.
> [...]

Em qualquer caso, o Repetro será concedido exclusivamente a pessoa jurídica habilitada pela Receita Federal que detenha concessão ou autorização para exercer no país atividades de exploração e produção de petróleo e gás natural. No requerimento a ser apresentado pela empresa interessada, deve constar ainda comprovação de controle contábil informatizado (IN nº 4/2001, art. 5º). A habilitação será concedida por ato declaratório executivo do superintendente da Receita Federal que jurisdicione o domicílio fiscal do interessado.

Em razão das modalidades do Repetro, detalhadas a seguir, observa-se que os beneficiários do regime são tanto o produtor nacional dos bens (para modalidade de *Drawback* Isenção) quanto a pessoa jurídica que exerce atividade de exploração e produção. Nesse último caso, pode ser tanto uma empresa contratada pelo comprador estrangeiro, para quem a mercadoria será entregue em território nacional (modalidade de Exportação Ficta), quanto aquela que resolva importar diretamente a mercadoria do exterior (modalidade de Admissão Temporária).

4.3.7.1 *Regime de Exportação Ficta*

A modalidade de Exportação Ficta foi criada para beneficiar empresas nacionais que produzem mercadorias destinadas à exploração e/ou produção de petróleo e gás natural. Essa operação refere-se à venda realizada pelo respectivo fabricante ou por empresa comercial exportadora sediados no Brasil a empresa com sede no exterior, em moeda de livre conversibilidade (IN nº 4/2001, art. 8º). Diz-se que a exportação é **ficta** porque não há saída da mercadoria do território nacional. Ao contrário, a mercadoria será entregue no Brasil, sob controle aduaneiro, ao comprador estrangeiro ou a pessoa jurídica com a qual esse comprador tenha firmado contrato de aluguel, arrendamento ou empréstimo dos bens adquiridos no país, para a execução das atividades contratadas de pesquisa ou produção de petróleo ou gás natural.

Quanto aos procedimentos, deverá ser feito, inicialmente,

o despacho aduaneiro de exportação, com base em DE registrada no Siscomex pelo beneficiário. A exportação é considerada efetivada assim que houver o desembaraço, sem que ocorra o embarque ao exterior. Para a exportação ficta, são aplicáveis todos os benefícios fiscais concedidos para incentivo às exportações (IN nº 4/2001, arts. 9º e 11), entre os quais não-pagamento de IPI, PIS/Pasep, Cofins e ICMS (por conta de imunidade tributária).

Essa modalidade conclui-se com o posterior ingresso da mercadoria "exportada" em regime de Admissão Temporária, concedido apenas a pessoa jurídica previamente habilitada no Repetro – esta a verdadeira beneficiária. Recorde-se que, como mencionado no capítulo 3, a Admissão Temporária pressupõe a entrada e a permanência de mercadoria estrangeira em território nacional por determinado período, findo o qual deve voltar ao exterior. No caso do Repetro, ocorre verdadeira "importação ficta", já que a mercadoria não procede do exterior.

O ingresso da mercadoria no regime de Admissão Temporária segue os mesmos trâmites vistos anteriormente (capítulo 3)*, sendo dependente de DI para admissão. Ressalte-se aqui que são condições para a "importação": ser feita sem cobertura cambial e envolver bem que pertença a pessoa jurídica sediada no exterior (IN nº 4/2001, art. 13).

Quanto aos benefícios fiscais, uma vez concedido o regime de Admissão Temporária, ficam suspensos todos os tributos incidentes sobre a operação de importação. Essa suspensão está condicionada à assinatura de termo de responsabilidade e à prestação de garantia por parte do beneficiário (IN nº 4/2001, arts. 15 e 16). Além disso, a permanência no regime tem um prazo estipulado no contrato

* *Trata-se, neste caso, de Admissão Temporária para Utilização Econômica, mas com suspensão total dos tributos incidentes na operação de importação.*

entre o proprietário da mercadoria (que está no exterior) e a pessoa jurídica que está no Brasil e exercerá as atividades de exploração e/ou produção de petróleo ou gás natural. É fundamental que se mencione, por fim, que a suspensão total dos tributos ocorrerá até 31 de dezembro de 2020 (Decreto nº 4.543/2002, art. 328).

A modalidade do Repetro extingue-se com a adoção de uma das providências elencadas no art. 26 da IN nº 4/2001:

> [...]
> Art. 26. O regime de admissão temporária extingue-se com a adoção de uma das seguintes providências, pelo beneficiário, dentro do prazo fixado para a permanência do bem no País:
> I – reexportação;
> II – saída definitiva do País, no caso de bem de fabricação nacional objeto de exportação com saída ficta do território nacional;
> III – destruição, às expensas do beneficiário;
> IV – entrega à Fazenda Nacional, livres de quaisquer despesas, desde que a autoridade aduaneira concorde em recebê-los;
> V – transferência para outro regime aduaneiro especial ou atípico; ou
> VI – despacho para consumo.
> [...]

Nesse último caso, será devido o pagamento dos tributos que estavam suspensos.

4.3.7.2 Regime de Drawback Suspensão

Essa segunda modalidade do Repetro permite a aquisição de matérias-primas, produtos semi-elaborados, partes e peças para a produção de bens que serão objeto de exportação ficta, conforme mencionado anteriormente. Nota-se, claramente, que essa modalidade tem como objetivo incentivar a produção local de bens para as atividades de exploração e produção de petróleo. O beneficiário é justamente o produtor nacional, sediado em território brasileiro. No entanto, como é inerente ao regime de *Drawback*, cuida-se de bens estrangeiros, ou seja, o Repetro não se aplica à aquisição de matérias-primas nacionais.

Para ter acesso ao benefício fiscal, que se refere à suspensão dos tributos incidentes sobre a importação desses insumos (II, IPI, PIS/Pasep Importação e Cofins Importação), a empresa nacional deve se habilitar previamente na Receita Federal. Quanto aos demais procedimentos e condições relativos à aplicação do regime, devem ser observadas as normas gerais do *Drawback* (capítulo 3). Em breve síntese: o beneficiário deve preencher declaração específica no Siscomex, assinar termo de responsabilidade e, ao final, após realizar a exportação (que, no caso, será a exportação ficta, vista na modalidade anterior), comprová-la na Receita Federal.

4.3.7.3 Regime de Admissão Temporária

Essa terceira modalidade pode ser considerada, na verdade, a segunda etapa dos procedimentos descritos na modalidade de exportação ficta. Enquanto a primeira modalidade do Repetro diz respeito à aquisição de mercadoria nacional, cuida-se, nesta, de aquisição de mercadoria estrangeira. As diferenças entre uma modalidade e outra são claras: no primeiro caso, a mercadoria nacional será exportada (de forma ficta) e posteriormente incluída no regime de Admissão Temporária, por meio de operação de importação (igualmente ficta); no segundo, como a aquisição é feita diretamente do exterior, não há exportação ficta, mas sim e tão-somente a importação do bem a ser usado para exploração ou produção de petróleo e gás natural.

O beneficiário dessa terceira modalidade é a empresa sediada em território nacional que prestará os serviços de exploração ou produção. O benefício é a suspensão, pelo tempo do contrato celebrado com o proprietário estrangeiro, dos tributos incidentes sobre a importação. Quanto às demais condições e procedimentos, incluindo o prazo de vigência do Repetro e obrigações relativas ao término do regime, seguem-se as mesmas orientações indicadas na parte final do item relativo à exportação ficta.

4.4 Regimes aduaneiros especiais aplicados em áreas específicas

Os regimes aduaneiros especiais vistos anteriormente têm seu âmbito de aplicação em todo o território nacional, ainda que limitados a determinados setores. Além deles, existem outros regimes especiais cuja aplicação é restrita a determinada parte do território nacional. Trata-se dos regimes aduaneiros aplicados em áreas específicas, que encontram previsão legal a partir do art. 452 do Regulamento Aduaneiro, particularmente das áreas de livre comércio e das zonas francas.

Conforme esclarece Meira, essas regiões são extensões delimitadas do território nacional onde os tributos federais incidentes sobre o comércio exterior não são devidos. Os objetivos para criação dessas áreas são o fomento ao comércio em regiões economicamente menos desenvolvidas, de sorte que possam se tornar grandes exportadoras, e o estímulo ao comércio com os países vizinhos. Não há a intenção de criar privilégios perpétuos, mas sim de acelerar o desenvolvimento dessas regiões para que, no futuro, não dependam mais de isenções e outros incentivos governamentais.[6]

4.4.1 *Zona Franca de Manaus*

A Zona Franca de Manaus é uma área de livre comércio para importação e exportação beneficiária de incentivos fiscais especiais. Foi criada com a finalidade de criar no interior da Amazônia um centro industrial, comercial e agropecuário dotado de condições econômicas para seu desenvolvimento, diante dos fatores locais e da grande distância dos centros consumidores de seus produtos (Decreto nº 4.543/2002, art. 452).

Os benefícios fiscais estabelecidos para ela podem ser divididos nas seguintes categorias: benefícios na entrada de mercadorias, na internação de mercadorias nas demais regiões do Brasil e na exportação. Vale lembrar que existe também a previsão do regime específico de Entreposto Internacional da Zona Franca de Manaus, analisado no item referente a Entreposto Aduaneiro.

No primeiro caso, identificam-se benefícios distintos, dependendo da origem da mercadoria. Na importação de mercadorias estrangeiras, há isenção dos tributos federais, que atinge todas as mercadorias destinadas a consumo interno, industrialização em qualquer grau, inclusive beneficiamento, agropecuária, pesca, instalação e operação de indústrias e serviços de qualquer natureza, exportação, bem assim a estocagem para reexportação (Decreto nº 4.543/2002, art. 453). O benefício abrange, além da isenção do II e do IPI, a suspensão do PIS/Pasep Importação e da Cofins Importação, bem como do AFRMM.[7]

Note-se que o benefício é bastante abrangente, tanto no que diz respeito à mercadoria* quanto no que se refere à sua destinação. Para efetivação do benefício, é necessário que a mercadoria importada ingresse exclusivamente por meio de porto, aeroporto ou recinto alfandegado na cidade de Manaus (Decreto nº 4.543/2002, art. 453, § 4º). Além disso, a importação de mercadoria está sujeita à obtenção de licenciamento não-automático, previamente ao despacho aduaneiro, a ser concedido pela Superintendência da Zona Franca de Manaus (Decreto nº 4.543/2002, art. 455).

No que se refere à entrada de mercadorias procedentes das demais regiões brasileiras (mercadorias nacionais ou nacionalizadas), considera-se a remessa para fins de consumo ou industrialização equivalente a uma exportação brasileira para o exterior. Dessa forma, valem os mesmos benefícios fiscais para exportação, especialmente os relativos a isenção e imunidade. Excetua-se desse benefício, no entanto, a remessa de armas e munições, perfumes, fumo, bebidas alcoólicas e automóveis de passageiros (Decreto nº 4.543/2002, art. 454).

Com relação à segunda categoria de benefícios, referente à internação (entrada no restante do território aduaneiro

* *Os benefícios não valem, porém, para armas e munições, fumo, bebidas alcoólicas, automóveis de passageiros, produtos de perfumaria ou de toucador, preparados e preparações cosméticas, salvo, no caso destes, os classificados nas posições 3303 a 3307 da NCM, se destinados, exclusivamente, a consumo interno na Zona Franca de Manaus ou quando produzidos com utilização de matérias-primas da fauna e da flora regionais, em conformidade com processo*

produtivo básico
(Decreto
nº 4.543/2002,
art. 453, § 1º).

nacional) de mercadorias procedentes da Zona Franca de Manaus, atente-se para duas situações: a primeira, relativa à internação de mercadoria estrangeira importada e a segunda, referente à internação de mercadoria produzida nessa zona franca, com ou sem insumo estrangeiro. No primeiro caso, a regra é que as mercadorias ficam sujeitas ao pagamento de todos os impostos exigíveis sobre importações do exterior quando saírem da zona franca para outros pontos do território aduaneiro (Decreto nº 4.543/2002, art. 457). No segundo caso, exige-se o II relativo às matérias-primas, insumos e produtos intermediários usados no processo de industrialização. No entanto, há o benefício fiscal da redução da alíquota, cujo coeficiente é obtido mediante fórmula prevista no próprio Regulamento Aduaneiro (art. 460). Há, ainda, isenção do IPI para os produtos internados – regra que, aliás, aplica-se também para produtos destinados a consumo na própria zona franca.

Outrossim, a terceira categoria de benefício fiscal concedido, referente à exportação de mercadoria produzida na Zona Franca de Manaus, o Regulamento Aduaneiro determina a isenção do IE, qualquer que seja a origem da mercadoria (Decreto nº 4.543/2002, art. 463).

Convém que se mencione que o Regulamento Aduaneiro estende os benefícios fiscais vistos aqui para a Amazônia Ocidental (região formada pelos estados do Amazonas, Acre, Rondônia e Roraima). A extensão desses benefícios está restrita aos produtos de origem estrangeira elencados no art. 464 do Decreto nº 4.543/2002:

[...]
Art. 464. Os benefícios fiscais concedidos pelo Decreto-Lei nº 288, de 1967, estendem-se às áreas pioneiras, zonas de fronteira e outras localidades da Amazônia Ocidental, quanto aos seguintes produtos de origem estrangeira, segundo pauta fixada pelos Ministros de Estado da Fazenda e do Desenvolvimento, Indústria e Comércio Exterior (Decreto-Lei nº 356, de 15 de agosto de 1968, arts. 1º e 2º, este com a redação dada pelo Decreto-Lei nº 1.435, de 1975, art. 3º):

I – motores marítimos de centro e de popa, seus acessórios e pertences, bem assim outros utensílios empregados na atividade pesqueira, exceto explosivos e produtos utilizados em sua fabricação;

II – máquinas, implementos e insumos utilizados na agricultura, na pecuária e nas atividades afins;

III – máquinas para construção rodoviária;

IV – máquinas, motores e acessórios para instalação industrial;

V – materiais de construção;

VI – produtos alimentares; e

VII – medicamentos.

[...]

4.4.2 Áreas de livre comércio no Brasil

Além da Zona Franca de Manaus, existem outras áreas específicas sobre as quais incide um regime aduaneiro especial. Trata-se das áreas de livre comércio*, estabelecidas com a finalidade de promover o desenvolvimento de áreas fronteiriças específicas da Região Norte do país e de incrementar as relações bilaterais com os países vizinhos, segundo a política de integração latino-americana (Decreto nº 4.543/2002, art. 472). Atualmente, existem no Brasil as seguintes áreas de livre comércio:

a) Área de Livre Comércio de Tabatinga, criada pela Lei nº 7.965/1989.
b) Área de Livre Comércio de Guajará-Mirim, instituída pela Lei nº 8.210/1991.
c) Áreas de Livre Comércio de Pacaraima e Bonfim, criadas pela Lei nº 8.256/1991.
d) Áreas de Livre Comércio de Macapá e Santana, criadas pelo art. 11 da Lei nº 8.387/91.
e) Áreas de Livre Comércio de Brasiléia e Cruzeiro do Sul, instituídas pela Lei nº 8.857/1994.

Em todas elas, o benefício fiscal consiste na suspensão do pagamento do II e do IPI dos produtos que nelas entrarem. Essa suspensão converte-se em isenção quando tiverem a destinação descrita no art. 473 do Decreto nº 4.543/2002:

[...]

Art. 473. A entrada de produtos estrangeiros nas áreas de livre comércio será feita com

* *É importante frisar que essas áreas não guardam qualquer relação com os acordos regionais de comércio, vistos no capítulo 3.*

suspensão do pagamento dos impostos de importação e sobre produtos industrializados, que será convertida em isenção quando os produtos forem destinados a (Lei nº 7.965, de 1989, art. 3º, Lei nº 8.210, de 1991, art. 4º, Lei nº 8.256, de 1991, art. 4º, Lei nº 8.387, de 1991, art. 11, § 2º, e Lei nº 8.857, de 1994, art. 4º):

I – consumo e venda internos;

II – beneficiamento, em seu território, de pescado, recursos minerais e matérias-primas de origem agrícola ou florestal;

III – beneficiamento de pecuária, restrito às áreas de Pacaraima, Bonfim, Macapá, Santana, Brasiléia e Cruzeiro do Sul;

IV – piscicultura;

V – agropecuária, salvo em relação à área de Guajará-Mirim;

VI – agricultura, restrito à área de Guajará-Mirim;

VII – instalação e operação de atividades de turismo e serviços de qualquer natureza;

VIII – estocagem para comercialização no mercado externo;

IX – estocagem para comercialização ou emprego em outros pontos do País, restrito à área de Tabatinga;

X – atividades de construção e reparos navais, restritas às áreas de Guajará-Mirim e Tabatinga;

XI – industrialização de produtos em seus territórios, restritas às áreas de Tabatinga, Brasiléia e Cruzeiro do Sul; e

XII – internação como bagagem acompanhada, observado o mesmo tratamento previsto na legislação aplicável à Zona Franca de Manaus.

[...]

A legislação específica determina os casos de cabimento do benefício para cada situação descrita acima.

A operacionalização desse regime é semelhante à da Zona Franca de Manaus, sobretudo no que diz respeito aos benefícios. Com efeito, estabelece-se também que a venda de mercadorias nacionais ou nacionalizadas por empresas estabelecidas fora das áreas de livre comércio para empresas ali sediadas será equiparada a uma exportação (Decreto nº 4.543/2002, art. 475). Além disso, determina-se que as mercadorias estrangeiras importadas ficam sujeitas ao tratamento fiscal e administrativo dado às importações do exterior quando saírem das áreas de livre comércio para outros pontos do território aduaneiro, a não ser que o destino seja a Zona Franca de Manaus, a Amazônia Ocidental ou outras áreas de livre comércio (Decreto nº 4.543/2002, art. 476).

4.4.3 *Zonas de processamento de exportação*

As zonas de processamento de exportação caracterizam-se como áreas de livre comércio com o exterior, destinadas à instalação de empresas voltadas para a produção de bens a serem exportados. Consideradas zonas primárias para efeito de controle aduaneiro, sua finalidade é reduzir desequilíbrios regionais, bem como fortalecer o balanço de pagamentos e promover a difusão tecnológica e o desenvolvimento econômico e social do país (Lei n° 11.508/2007, art. 1°). A sua base legal está na Lei n° 11.508/2007, que, até o final de dezembro de 2007, não havia sido regulamentada.

A criação de uma dessas zonas por decreto do Poder Executivo tem como base a solicitação de estados e/ou municípios que pretendam instituí-la em seu território. Uma vez criada, deverá ocorrer seu alfandegamento, para fins de controle aduaneiro. Como já se mencionou, as zonas de processamento de exportação são áreas destinadas à instalação de empresas exportadoras. Para que possam ser instaladas, deve-se apresentar os respectivos projetos industriais ao Conselho Nacional das Zonas de Processamento de Exportação (CZPE), responsável pela análise e aprovação dessa instalação (Lei n° 11.508/2007, arts. 3° e seg.).

De acordo com a lei, somente podem ser admitidas importações de equipamentos, máquinas, aparelhos, instrumentos, matérias-primas, componentes, peças e acessórios e outros bens, novos ou usados, necessários à instalação industrial ou que integrem o processo produtivo. Como regra, as importações feitas por empresas situadas nessas zonas estão dispensadas de licenciamento (Lei n° 11.508/2007, art. 12).

Os benefícios fiscais concedidos eram originariamente bastante abrangentes, uma vez que estabeleciam, no art. 10, a isenção dos seguintes tributos: II, IPI, Cofins, Cofins Importação, PIS/Pasep, PIS/Pasep Importação, AFRMM e IOF. Além disso, a teor do art. 8.°, esses benefícios poderiam valer por um prazo de até 20 anos, estendido sucessivamente para empresas que tivessem atingido os objetivos contidos no projeto de instalação.

No entanto, o Poder Executivo vetou o art. 10 da lei, sob a alegação de que a isenção inviabilizaria a cobrança dos tributos no caso de não haver exportação, mas sim internação dos produtos para consumo interno. O veto não ocorreria se os benefícios fiscais fossem a suspensão dos tributos, em vez de isenção. Por conta disso, entende-se que a atual regulamentação das zonas de processamento de exportação encontra-se absolutamente esvaziada, não conferindo benefício fiscal algum às empresas interessadas. Aguarda-se, por enquanto, a promulgação de nova legislação, sem o que essas zonas não têm sentido algum.

4.5 Transferência entre regimes aduaneiros especiais

Este último item refere-se tanto aos regimes especiais descritos neste capítulo quanto aos descritos no capítulo anterior. O art. 265 do Regulamento Aduaneiro permite a transferência de produto de um regime aduaneiro para qualquer outro – com exceção do regime de Trânsito Aduaneiro* – desde que cumpridas as condições do novo regime e as normas específicas da Receita Federal, contidas na IN nº 121/2002. Essa transferência poderá ocorrer tanto em relação à totalidade ou parte da mercadoria quanto em relação ao beneficiário.

Como regra, somente é permitida no caso de importações realizadas a título não-definitivo e sem cobertura cambial. No entanto, existem exceções:

a) transferências de mercadorias entre os regimes aduaneiros atípicos da Zona Franca de Manaus e áreas de livre comércio;

* A transferência para o regime de Trânsito Aduaneiro não é possível por disposição expressa do art. 8º da IN nº 121/2002.

b) transferência do regime de *Drawback*, na modalidade suspensão, para o de Recof, desde que previamente autorizada pela Secex;

c) transferência do regime aduaneiro especial de Entreposto Industrial para o de Recof ou para o de *Drawback*, na modalidade Suspensão, desde que, neste último caso, previamente autorizada pela Secex (IN n° 121/2002, art. 2°).

Pela lógica dessa operação, a transferência pressupõe a extinção do regime anterior e a admissão no novo regime. A extinção é feita mediante retificação de ofício da DI relativa à admissão no regime anterior, pela autoridade aduaneira que o concedeu (IN n° 121/2002, §§ 1° e 2°). A admissão no novo regime é feita mediante registro de DI no Siscomex, a qual deverá ser instruída com a primeira via do Documento de Transferência de Regime Aduaneiro (DTR), cujo modelo segue anexo à instrução normativa (IN n° 121/2002, art. 3°).

Lista de siglas

Abimaq	Associação Brasileira dos Fabricantes de Máquinas e Equipamentos
ACC	Adiantamento sobre o Contrato de Câmbio
ACE	Adiantamento sobre Cambiais Entregues
AFRMM	Adicional ao Frete para Renovação da Marinha Mercante
Aladi	Associação Latino-Americana de Integração
BNDES	Banco Nacional de Desenvolvimento Econômico e Social
CAEx	Comitê de Análise de Ex-Tarifários
Camex	Câmara de Comércio Exterior
CF	Constituição Federal
Cide	Contribuição de Intervenção no Domínio Econômico
Cofins	Contribuição Social para o Financiamento da Seguridade Social
CSLL	Contribuição Social sobre o Lucro Líquido
CTN	Código Tributário Nacional
DAC	Depósito Alfandegado Certificado
DAF	Depósito Afiançado
DBA	Declaração de Bagagem Acompanhada
DE	Declaração de Exportação
DEA	Depósito Especial Alfandegado
Decex	Departamento de Operações de Comércio Exterior [da Secex]
Decom	Departamento de Defesa Comercial [da Secex]
Derat	Delegacia da Receita Federal de Administração Tributária

DI	Declaração de Importação
DSI	Declaração Simplificada de Importação
DTA	Declaração de Trânsito Aduaneiro
DTAI	Declaração de Trânsito Aduaneiro Internacional Brasil-Venezuela
DTC	Declaração de Trânsito de Contêiner
DTT	Declaração de Trânsito de Transferência
DVA	Declaração de Valor Aduaneiro
FOB	*Free on Board* (Livre a Bordo)
ICMS	Imposto sobre Circulação de Mercadorias e Serviços
IE	Imposto de Exportação
II	Imposto de Importação
IN	Instrução Normativa
IOF	Imposto sobre Operações de Câmbio
IPI	Imposto sobre Produtos Industrializados
IPTU	Imposto Predial Territorial Urbano
ISS	Imposto sobre Prestação de Serviços de Qualquer Natureza
Mercosul	Mercado Comum do Sul
MIC	Manifesto Internacional de Carga
MIC/DTA	Manifesto Internacional de Carga - Declaração de Trânsito Aduaneiro
NCB	Nomenclatura Comum Brasileira
NCM	Nomenclatura Comum do Mercosul
OMC	Organização Mundial do Comércio
Pasep	Programa de Formação de Patrimônio do Servidor Público

PIS	Programa de Integração Social
Proex	Programa de Financiamento às Exportações
RCR	Requerimento de Concessão do Regime
Recap	Regime Especial de Aquisição de Bens de Capital para Empresas Exportadoras
Recof	Regime de Entreposto Industrial sobre Controle Aduaneiro Informatizado
Recom	Regime Aduaneiro Especial de Importação de Insumos Destinados a Industrialização por Encomenda de Produtos Classificados nas Posições 8701 a 8705 da NCM
Repes	Regime Especial de Tributação para a Plataforma de Exportação de Serviços de Tecnologia da Informação
Repetro	Regime Aduaneiro Especial de Exportação e de Importação de Bens Destinados às Atividades de Pesquisa e de Lavra das Jazidas de Petróleo e de Gás Natural
Repex	Regime Aduaneiro Especial de Importação de Petróleo Bruto e seus Derivados
Reporto	Regime Tributário para Incentivo à Modernização e à Ampliação da Estrutura Portuária
SDP	Secretaria de Desenvolvimento da Produção
Secex	Secretaria de Comércio Exterior
SH	Sistema Harmonizado
Siscomex	Sistema Integrado de Comércio Exterior
SRF	Secretaria da Receita Federal
TEC	Tarifa Externa Comum
TIF-DTA	Conhecimento Carta de Porte Internacional – Declaração de Trânsito Aduaneiro
Tipi	Tabela do Imposto sobre Produtos Industrializados.

Referências por capítulo

Capítulo 1

1. Carvalho, 2007, p. 25-27.
2. Carrazza, 2006, p. 497-498.
3. Ibid., p. 503.
4. Ibid., p. 528.
5. Carvalho, 2007, p. 267.
6. Ibid., p. 270.
7. Ibid., p. 275.
8. Coêlho, 2003.
9. Catão, 2004.
10. Coêlho, op. cit., p. 201.
11. Carrazza, 2006, p. 682-683.
12. Ibid., p. 687-688.
13. Ibid., p. 692.
14. Ibid., p. 745-748.
15. Ibid., p. 749-761.
16. Ibid., p. 773.
17. Carvalho citado por Carrazza, 2006, p. 822.
18. Coêlho, 2003, p. 238-242.
19. Catão, 2004, p. 83.
20. Coêlho, op. cit., p. 243.
21. Brasil, 1999.
22. Britto, 2005, p. 5.
23. Coêlho, 2003, p. 273.
24. Ibid., p. 274.
25. Ibid., p. 470-471.
26. Ibid., p. 473.

Capítulo 2

1. Ashikaga, 2005, p. 22.
2. Folloni, 2005, p. 114-122.
3. Ibid., p. 116.
4. Brasil, 2002a.
5. Meira citado por Folloni, 2005, p. 88.
6. Folloni, 2005, p. 91.
7. Ibid., p. 173-174; Ashikaga, 2005, p. 120.
8. Folloni, op. cit., p. 129.
9. Ibid., p. 130.
10. Ashikaga, 2005, p. 90.
11. Folloni, op. cit., p. 146.
12. Ibid., p. 146-147.
13. Ibid., p. 148.
14. Brasil, 2004c.
15. Id.
16. Folloni, 2005, p. 151-154.
17. Brasil, 1988a.
18. Ashikaga, 2005, p. 92.
19. Ibid., p. 93-96.
20. Folloni, 2005, p. 154-157.
21. Ibid., p. 157.
22. Ibid., p. 159-160.
23. Ibid., p. 161-162.
24. Brasil, 1966.
25. Folloni, 2005, p. 163.
26. Ibid., p. 165.
27. Ibid., 166-167.
28. Ibid., p. 132.
29. Ibid., p. 139.
30. Ibid., p. 143-144.
31. Ibid., p. 176.
32. Ashikaga, 2005, p. 100.
33. Folloni, op. cit., p. 125-126.
34. Ibid., p. 127.
35. Brasil, 1977.

Capítulo 3

1. Meira, 2002, p. 161.
2. Ibid., p. 165.
3. Ibid., p. 167.
4. Ibid., p. 168-169.
5. Ibid., p. 189.
6. Ibid., p. 207.
7. Ibid., p. 191-192.
8. Ibid., p. 192.
9. Brasil, 2007b.
10. Bizelli, 2006, p. 224.
11. Meira, 2002, p. 227.
12. Ibid., p. 235.
13. Ibid., p. 242.
14. Ibid., p. 244.
15. Ibid., p. 253-254.
16. Ibid., p. 246-247.
17. Ibid., p. 269.
18. Garcia, 2004.
19. Brasil, 2008.
20. Garcia, op. cit., p. 168.
21. Ibid., p. 169.

Capítulo 4

1. Bizelli, 2006, p. 231.
2. Brasil, 2006a.
3. Brasil, 2005c.
4. Brasil, 2006c.
5. Brasil, 2004b.
6. Meira, 2002, p. 279.
7. Bizelli, 2006, p. 240-241.

Referências gerais

AMARO, Luciano. *Direito tributário brasileiro*. 13. ed. São Paulo: Saraiva, 2007.

ASHIKAGA, Carlos Eduardo Garcia. *Análise da tributação na importação e na exportação*. 2. ed. São Paulo: Aduaneiras, 2005.

ASHIKAGA, Carlos Eduardo Garcia; BIZELLI, João dos Santos. *PIS-Pasep e Cofins na importação*. São Paulo: Aduaneiras, 2004.

ASSOCIAÇÃO LATINO-AMERICANA DE INTEGRAÇÃO. Sistema de informações de Comércio Exterior. Disponível em : <http://nt5000.aladi.org/sii/menupagsinternasp/marcossiip.htm>. Acesso em: 24 jan. 2007.

BARBOSA, Paulo Sérgio. *Competindo no comércio internacional*. São Paulo: Aduaneiras, 2004.

BARRAL, Welber; BROGINI, Gilvan. *Manual prático de defesa comercial*. São Paulo: Aduaneiras, 2007.

BIZELLI, João dos Santos. *Importação*: sistemática administrativa, cambial e fiscal. São Paulo: Aduaneiras, 2006.

BIZELLI, João dos Santos (Coord.). *Incoterms 2000*: regras oficiais da ICC para a interpretação de termos comerciais. São Paulo: Aduaneiras, 2000.

BORGES, José Souto Maior. *Teoria geral da isenção tributária*. 3. ed. São Paulo: Malheiros, 2007.

BRASIL. Constituição da República Federativa do Brasil de 1988. *Diário Oficial [da] República Federativa do Brasil*, Brasília, DF, 5 out. 1988a. Disponível em: <http://www.planalto.gov.br/ccivil_03/Constituicao/Constitui%C3%A7ao.htm>. Acesso em: 11 jan. 2008.

_____. Decreto n° 1.355, de 30 de dezembro de 1994. Promulgo a Ata Final que incorpora os resultados da Rodada Uruguai de Negociações Comerciais Multilaterais do GATT. *Diário Oficial [da] República Federativa do Brasil*, Brasília, DF, 31 dez. 1994. Disponível em: <http://www.planalto.gov.br/ccivil_03/decreto/Antigos/D1355.htm>. Acesso em: 11 jan. 2008.

BRASIL. Decreto nº 3.000, de 26 de março de 1999. Regulamenta a tributação, fiscalização, arrecadação e administração do Imposto sobre a Renda e Proventos de Qualquer Natureza. *Diário Oficial [da] República Federativa do Brasil*, Brasília, DF, 17 jun. 1999. Disponível em: <http://www.planalto.gov.br/CCIVIL/decreto/D3000.htm>. Acesso em: 28 jan. 2008.

_____. Decreto nº 3.411, de 12 de abril de 2000. Regulamenta a Lei nº 9.611, de 19 de fevereiro de 1998, que dispõe sobre o Transporte Multimodal de Cargas, altera os Decretos nº 91.030, de 5 de março de 1985, e 1.910, de 21 de maio de 1996, e dá outras providências. *Diário Oficial [da] República Federativa do Brasil*, Brasília, DF, 13 abr. 2000. Disponível em: <http://www.planalto.gov.br/ccivil/decreto/D3411.htm>. Acesso em: 24 jan. 2008.

_____. Decreto nº 4.543, de 26 de dezembro de 2002. Regulamenta a administração das atividades aduaneiras, e a fiscalização, o controle e a tributação das operações de comércio exterior. *Diário Oficial [da] República Federativa do Brasil*, Brasília, DF, 27 dez. 2002a. Disponível em: <http://www.planalto.gov.br/ccivil_03/decreto/2002/D4543.htm>. Acesso em: 17 jan. 2008.

_____. Decreto nº 4.544, de 26 de dezembro de 2002. Regulamenta a tributação, fiscalização, arrecadação e administração do Imposto sobre Produtos Industrializados – IPI. *Diário Oficial [da] República Federativa do Brasil*, Brasília, DF, 27 nov. 2002b. Disponível em: <http://www.planalto.gov.br/CCIVIL/decreto/2002/D4544.htm>. Acesso em: 23 jan. 2008.

_____. Decreto nº 5.276, de 19 de novembro de 2004. Altera os arts. 2º e 3º do Decreto nº 3.411, de 12 de abril de 2000, que regulamenta o Transporte Multimodal de Cargas, instituído pela Lei nº 9.611, de 19 de fevereiro de 1998, e dá outras providências. *Diário Oficial [da] República Federativa do Brasil*, Brasília, DF, 22 nov. 2004a. Disponível em: <http://www.planalto.gov.br/ccivil_03/_Ato2004-2006/2004/Decreto/D5276.htm>. Acesso em: 24 jan. 2008.

_____. Decreto nº 5.281, de 23 de novembro de 2004. Estabelece a relação de máquinas, equipamentos e bens objeto da suspensão de que trata o art. 13 da Medida Provisória nº 206, de 6 de agosto de 2004, que institui o Regime Tributário para Incentivo à Modernização e Ampliação da Estrutura Portuária – REPORTO. *Diário Oficial [da] República Federativa do Brasil*, Brasília, DF, 24 nov. 2004b. Disponível em: <http://www.receita.fazenda.gov.br/Legislacao/Decretos/2004/dec5281.htm>. Acesso em: 29 jan. 2008.

BRASIL. Decreto nº 5.543, de 20 de setembro de 2005. Regulamenta dispositivos da Lei nº 10.893, de 13 de julho de 2004, que dispõe sobre o Adicional ao Frete para a Renovação da Marinha Mercante – AFRMM e o Fundo da Marinha Mercante – FMM, e o art. 17 da Lei nº 9.432, de 8 de janeiro de 1997, que dispõe sobre a ordenação do transporte aquaviário, e dá outras providências. *Diário Oficial [da] República Federativa do Brasil*, Brasília, DF, 21 set. 2005a. Disponível em: <http://www.planalto.gov.br/CCIVIL/_Ato2004-2006/2005/Decreto/D5543.htm>. Acesso em: 23 jan. 2008.

_____. Decreto nº 5.649, de 29 de dezembro de 2005. Regulamenta o Regime Especial de Aquisição de Bens de Capital para Empresas Exportadoras – RECAP, que suspende a exigência da Contribuição para o PIS/PASEP e da COFINS, instituído pelos arts. 12 a 16 da Lei nº 11.196, de 21 de novembro de 2005. *Diário Oficial [da] República Federativa do Brasil*, Brasília, DF, 30 dez. 2005b. Disponível em: <http://www.planalto.gov.br/ccivil/_Ato2004-2006/2005/Decreto/D5649.htm>. Acesso em: 28 jan. 2008.

_____. Decreto nº 5.712, de 2 de março de 2006. Regulamenta o Regime Especial de Tributação para a Plataforma de Exportação de Serviços de Tecnologia da Informação – REPES, instituído pelos arts. 1º a 11 da Lei nº 11.196, de 21 de novembro de 2005. *Diário Oficial [da] República Federativa do Brasil*, Brasília, DF, 3 mar. 2006a. Disponível em: <http://www.planalto.gov.br/ccivil/_ato2004-2006/2006/Decreto/D5712.htm>. Acesso em: 28 jan. 2008.

_____. Decreto nº 5.789, de 25 de maio de 2006. Dispõe sobre os bens amparados pelo Regime Especial de Aquisição de Bens de Capital para Empresas Exportadoras – RECAP, na forma do art. 16 da Lei no 11.196, de 21 de novembro de 2005. *Diário Oficial [da] República Federativa do Brasil*, Brasília, DF, 26 maio 2006b. Disponível em: <http://www.planalto.gov.br/ccivil/_ato2004-2006/2006/Decreto/D5789.htm>. Acesso em: 28 jan. 2008.

BRASIL. Decreto-Lei nº 37, de 18 de novembro de 1966. Dispõe sobre o imposto de importação, reorganiza os serviços aduaneiros e dá outras providências. *Diário Oficial [da] República Federativa do Brasil*, Brasília, DF, 21 nov. 1966a. Disponível em: <http://www.planalto.gov.br/ccivil/Decreto-Lei/Del0037.htm>. Acesso em: 23 jan. 2008.

_____. Decreto-Lei nº 1.578, de 11 de outubro de 1977. Dispõe sobre o imposto sobre a exportação, e dá outras providências. *Diário Oficial [da] República Federativa do Brasil*, Brasília, DF, 12 out. 1977. Disponível em: <http://www.planalto.gov.br/CCIVIL/Decreto-Lei/Del1578.htm>. Acesso em: 24 jan. 2008.

_____. Lei Complementar nº 87, de 13 de setembro de 1996. Dispõe sobre o imposto dos Estados e do Distrito Federal sobre operações relativas à circulação de mercadorias e sobre prestações de serviços de transporte interestadual e intermunicipal e de comunicação, e dá outras providências (LEI KANDIR). *Diário Oficial [da] República Federativa do Brasil*, Brasília, DF, 16 set. 1996. Disponível em: <http://www.planalto.gov.br/CCIVIL/leis/LCP/Lcp87.htm>. Acesso em: 23 jan. 2008.

_____. Lei Complementar nº 114, de 16 de dezembro de 2002. Altera dispositivos da Lei Complementar nº 87, de 13 de setembro de 1996, que dispõe sobre o imposto dos Estados e do Distrito Federal sobre operações relativas à circulação de mercadorias e sobre prestações de serviços de transporte interestadual e intermunicipal e de comunicação, e dá outras providências. *Diário Oficial [da] República Federativa do Brasil*, Brasília, DF, 17 dez. 2002c. Disponível em: <http://www.planalto.gov.br/CCIVIL/leis/LCP/Lcp114.htm>. Acesso em: 23 jan. 2008.

_____. Lei nº 4.502, de 30 de novembro de 1964. Dispõe sobre o Imposto de

Consumo e reorganiza a Diretoria de Rendas Internas. *Diário Oficial [da] República Federativa do Brasil*, Brasília, DF, 30 nov. 1964. Disponível em: <http://www.planalto.gov.br/CCIVIL/leis/L4502.htm>. Acesso em: 23 jan. 2008.

BRASIL. Lei n° 5.172, de 25 de outubro de 1966. Dispõe sobre o Sistema Tributário Nacional e institui normas gerais de direito tributário aplicáveis à União, Estados e Municípios. *Diário Oficial [da] República Federativa do Brasil*, Brasília, DF, 27 out. 1966b. Disponível em: <http://www.planalto.gov.br/CCIVIL/LEIS/L5172Compilado.htm>. Acesso em: 22 jan. 2008.

_____. Lei n° 7.689, de 15 de dezembro de 1988. Institui contribuição social sobre o lucro das pessoas jurídicas e dá outras providências. *Diário Oficial [da] República Federativa do Brasil*, Brasília, DF, 16 dez. 1988. Disponível em: <http://www.planalto.gov.br/ccivil/Leis/L7689.htm>. Acesso em: 23 jan. 2008.

_____. Lei n° 8.894, de 21 de junho de 1994. Dispõe sobre o Imposto sobre Operações de Crédito, Câmbio e Seguro, ou relativas a Títulos e Valores Mobiliários, e dá outras providências. *Diário Oficial [da] República Federativa do Brasil*, Brasília, DF, 22 jun. 1994. Disponível em: <http://www.planalto.gov.br/ccivil/LEIS/L8894.htm>. Acesso em: 23 jan. 2008.

_____. Lei n° 8.981, de 20 de janeiro de 1995. Altera a legislação tributária Federal e dá outras providências. *Diário Oficial [da] República Federativa do Brasil*, Brasília, DF, 23 jan. 1995. Disponível em: <http://www.planalto.gov.br/ccivil/Leis/L8981.htm>. Acesso em: 23 jan. 2008.

_____. Lei n° 9.611, de 19 de fevereiro de 1998. Dispõe sobre o Transporte Multimodal de Cargas e dá outras providências. *Diário Oficial [da] República Federativa do Brasil*, Brasília, DF, 20 fev. 1998. Disponível em: <http://www.planalto.gov.br/ccivil/Leis/L9611.htm>. Acesso em: 24 jan. 2008.

_____. Lei n° 9.716, de 26 de novembro de 1998. Dá nova redação aos arts. 1°, 2°, 3° e 4° do Decreto-Lei n° 1.578, de 11 de outubro de 1977, que dispõe sobre o imposto de exportação, e dá outras providências. *Diário Oficial [da] República Federativa do Brasil*, Brasília,

DF, 27 nov. 1998b. Disponível em: <http://www.planalto.gov.br/ccivil/Leis/L9716.htm>. Acesso em: 23 jan. 2008.

BRASIL. Lei n° 9.784, de 29 de janeiro de 1999. Regula o processo administrativo no âmbito da Administração Pública Federal. *Diário Oficial [da] República Federativa do Brasil*, Brasília, DF, 11 mar. 1999. Disponível em: <http://www.planalto.gov.br/CCIVIL/LEIS/L9784.htm>. Acesso em: 28 jan. 2008.

_____. Lei n° 10.184, de 12 de fevereiro de 2001. Dispõe sobre a concessão de financiamento vinculado à exportação de bens ou serviços nacionais, e dá outras providências. *Diário Oficial [da] República Federativa do Brasil*, Brasília, DF, 14 fev. 2001a. Disponível em: <http://www.planalto.gov.br/ccivil/LEIS/LEIS_2001/L10184.htm>. Acesso em: 28 jan. 2008.

_____. Lei n° 10.336, de 19 de dezembro de 2001. Institui Contribuição de Intervenção no Domínio Econômico incidente sobre a importação e a comercialização de petróleo e seus derivados, gás natural e seus derivados, e álcool etílico combustível (Cide), e dá outras providências. *Diário Oficial [da] República Federativa do Brasil*, Brasília, DF, 20 dez. 2001b. Disponível em: <http://www.planalto.gov.br/ccivil_03/Leis/LEIS_2001/L10336.htm>. Acesso em: 23 jan. 2008.

_____. Lei n° 10.636, de 30 de dezembro de 2002. Dispõe sobre a aplicação dos recursos originários da Contribuição de Intervenção no Domínio Econômico – Cide incidente sobre a importação e a comercialização de petróleo e seus derivados, gás natural e seus derivados, e álcool etílico combustível, atendendo o disposto no § 2° do art. 1° da Lei n° 10.336, de 19 de dezembro de 2001, cria o Fundo Nacional de Infra-Estrutura de Transportes – FNIT e dá outras providências. *Diário Oficial [da] República Federativa do Brasil*, Brasília, DF, 31 dez. 2002d. Disponível em: <http://www.planalto.gov.br/CCIVIL/LEIS/2002/L10636.htm>. Acesso em: 23 jan. 2008.

_____. Lei n° 10.833, de 29 de dezembro de 2003. Altera a Legislação Tributária Federal e dá outras providências. *Diário Oficial [da] República Federativa do Brasil*, Brasília, DF, 30 dez. 2003. Disponível em: <http://www.planalto.

gov.br/CCIVIL/Leis/2003/L10.833. htm>. Acesso em: 23 jan. 2008.

BRASIL. Lei nº 10.865, de 30 de abril de 2004. Dispõe sobre a Contribuição para os Programas de Integração Social e de Formação do Patrimônio do Servidor Público e a Contribuição para o Financiamento da Seguridade Social incidentes sobre a importação de bens e serviços e dá outras providências. *Diário Oficial [da] República Federativa do Brasil*, Brasília, DF, 30 abr. 2004c. Disponível em: <http://www.planalto.gov.br/ccivil_03/_Ato2004-2006/2004/Lei/L10.865.htm>. Acesso em: 23 jan. 2008.

_____. Lei nº 10.866, de 4 de maio de 2004. Acresce os arts. 1º-A e 1º-B à Lei nº 10.336, de 19 de dezembro de 2001, com o objetivo de regulamentar a partilha com os Estados, o Distrito Federal e os Municípios da arrecadação da Contribuição de Intervenção no Domínio Econômico incidente sobre a importação e a comercialização de petróleo e seus derivados, gás natural e seus derivados, e álcool etílico combustível – Cide, e dá outras providências. *Diário Oficial [da] República Federativa do Brasil*, Brasília, DF, 5 maio 2004d. Disponível em: <http://www.planalto.gov.br/CCIVIL/_Ato2004-2006/2004/Lei/L10.866.htm>. Acesso em: 23 jan. 2008.

_____. Lei nº 10.893, de 13 de julho de 2004. Dispõe sobre o Adicional ao Frete para a Renovação da Marinha Mercante – AFRMM e o Fundo da Marinha Mercante – FMM, e dá outras providências. *Diário Oficial [da] República Federativa do Brasil*, Brasília, DF, 17 jul. 2004e. Disponível em: <http://www.planalto.gov.br/ccivil_/Ato2004-2006/2004/Lei/L10.893.htm>. Acesso em: 23 jan. 2008.

_____. Lei nº 10.895, de 14 de julho de 2004. Abre aos Orçamentos Fiscal e da Seguridade Social da União, em favor do Ministério da Defesa, crédito suplementar no valor de R$ 210.000.000,00, para reforço de dotações consignadas na Lei Orçamentária vigente. *Diário Oficial [da] República Federativa do Brasil*, Brasília, DF, 15 jul. 2004f. Disponível em: <http://www.planalto.gov.br/ccivil_03/_Ato2004-2006/2004/Lei/L10.895.htm>. Acesso em: 23 jan. 2008.

BRASIL. Lei nº 11.196, de 21 de novembro de 2005. Institui o Regime Especial de Tributação para a Plataforma de Exportação de Serviços de Tecnologia da Informação – REPES, o Regime Especial de Aquisição de Bens de Capital para Empresas Exportadoras – RECAP e o Programa de Inclusão Digital; dispõe sobre incentivos fiscais para a inovação tecnológica; altera o Decreto-Lei nº 288, de 28 de fevereiro de 1967, o Decreto nº 70.235, de 6 de março de 1972, o Decreto-Lei nº 2.287, de 23 de julho de 1986, as Leis nº 4.502, de 30 de novembro de 1964, 8.212, de 24 de julho de 1991, 8.245, de 18 de outubro de 1991, 8.387, de 30 de dezembro de 1991, 8.666, de 21 de junho de 1993, 8.981, de 20 de janeiro de 1995, 8.987, de 13 de fevereiro de 1995, 8.989, de 24 de fevereiro de 1995, 9.249, de 26 de dezembro de 1995, 9.250, de 26 de dezembro de 1995, 9.311, de 24 de outubro de 1996, 9.317, de 5 de dezembro de 1996, 9.430, de 27 de dezembro de 1996, 9.718, de 27 de novembro de 1998, 10.336, de 19 de dezembro de 2001, 10.438, de 26 de abril de 2002, 10.485, de 3 de julho de 2002, 10.637, de 30 de dezembro de 2002, 10.755, de 3 de novembro de 2003, 10.833, de 29 de dezembro de 2003, 10.865, de 30 de abril de 2004, 10.925, de 23 de julho de 2004, 10.931, de 2 de agosto de 2004, 11.033, de 21 de dezembro de 2004, 11.051, de 29 de dezembro de 2004, 11.053, de 29 de dezembro de 2004, 11.101, de 9 de fevereiro de 2005, 11.128, de 28 de junho de 2005, e a Medida Provisória nº 2.199-14, de 24 de agosto de 2001; revoga a Lei nº 8.661, de 2 de junho de 1993, e dispositivos das Leis nº 8.668, de 25 de junho de 1993, 8.981, de 20 de janeiro de 1995, 10.637, de 30 de dezembro de 2002, 10.755, de 3 de novembro de 2003, 10.865, de 30 de abril de 2004, 10.931, de 2 de agosto de 2004, e da Medida Provisória nº 2.158-35, de 24 de agosto de 2001; e dá outras providências. *Diário Oficial [da] República Federativa do Brasil*, Brasília, DF, 22 nov. 2005c. Disponível em: <http://www.planalto.gov.br/ccivil_/Ato2004-2006/2005/Lei/L11196.htm>. Acesso em: 28 jan. 2008.

_____. Lei nº 11.508, de 20 de julho de 2007. Dispõe sobre o regime tributário, cambial e administrativo das Zonas de Processamento de Exportação, e dá outras providências. *Diário Oficial [da] República Federativa do Brasil*, Brasília, DF, 23 jul. 2007a. Disponível em: <http://www.planalto.gov.br/ CCIVIL_03/_Ato2007-2010/2007/Lei/ L11508.htm>. Acesso em: 28 jan. 2008.

BRASIL. Medida Provisória n° 412, de 31 de dezembro de 2007. Dispõe sobre a prorrogação do Regime Tributário para Incentivo à Modernização e à Ampliação da Estrutura Portuária – REPORTO, instituído pela Lei n° 11.033, de 21 de dezembro de 2004. *Diário Oficial [da] República Federativa do Brasil*, Brasília, DF, 31 dez. 2007b. Disponível em: <https://www.planalto.gov.br/ccivil_03/_Ato2007-2010/2007/Mpv/412.htm>. Acesso em: 29 jan. 2008.

_____. Ministério da Defesa. Infraero: aeroportos brasileiros. Carga Aérea. Legislação. Legislação Aduaneira. Instrução Normativa SRF n° 241, de 6 de novembro de 2002. Dispõe sobre o regime especial de entreposto aduaneiro na importação e na exportação. *Diário Oficial [da] República Federativa do Brasil*, Brasília, DF, 8 nov. 2002e. Disponível em: <http://www.infraero.gov.br/cargaaerea/principal/informacoes/legislacao/INSTRUCAONORMATIVA_241.pdf>. Acesso em: 25 jan. 2008.

_____. Ministério da Fazenda. Banco Central do Brasil. Legislação e Normas. Normas do CMN e do BC. Busca de Normas. Circular n° 3.280, de 9 de março de 2005. Divulga o Regulamento do Mercado de Câmbio e Capitais Internacionais, contemplando as operações em moeda nacional ou estrangeira realizadas entre pessoas físicas ou jurídicas residentes, domiciliadas ou com sede no País e pessoas físicas ou jurídicas residentes, domiciliadas ou com sede no exterior e dá outras providências. *Diário Oficial [da] República Federativa do Brasil*, Brasília, DF, 14 mar. 2005d. Disponível em: <http://www5.bcb.gov.br/normativos/detalhamentocorreio.asp?N=105041316&C=3280&ASS=CIRCULAR+3.280&id=buscanorma>. Acesso em: 28 jan. 2008.

_____. Ministério da Fazenda. Receita Federal. Alíquotas. Imposto sobre Produtos Industrializados – IPI. Tabela de Incidência do IPI – TIPI. *Download dos arquivos da TIPI*. Disponível em: <http://www.receita.fazenda.gov.br/aliquotas/DownloadArqTIPI.htm>. Acesso em: 23 jan. 2008.

BRASIL. Ministério da Fazenda. Receita Federal. Instrução Normativa INSS/DC nº 17, de 11 de maio de 2000. Dispõe sobre procedimentos para ingresso ao Programa de Recuperação Fiscal – REFIS e Parcelamento Alternativo ao REFIS, e dá outras providências. *Diário Oficial [da] República Federativa do Brasil*, Brasília, DF, 12 maio 2000. Disponível em: <http://www.receita.fazenda.gov.br/legislacao/ins/ant2001/2000/in0172000INSS.htm>. Acesso em: 28 jan. 2008.

_____. Ministério da Fazenda. Receita Federal. Instrução Normativa RFB nº 747, de 14 de junho de 2007. Estabelece procedimentos simplificados para a reimportação, reexportação e a aplicação dos regimes aduaneiros especiais de admissão e de exportação temporária de recipientes, embalagens, envoltórios, carretéis, separadores, racks, clip locks, termógrafos e outros bens com finalidade semelhante. *Diário Oficial [da] República Federativa do Brasil*, Brasília, DF, 15 jun. 2007c. Disponível em: <http://www.receita.fazenda.gov.br/Legislacao/Ins/2007/in7472007.htm>. Acesso em: 24 jan. 2008.

_____. Ministério da Fazenda. Receita Federal. Instrução Normativa SRF nº 4, de 10 de janeiro de 2001. Dispõe sobre a aplicação do regime aduaneiro especial de exportação e importação de bens destinados às atividades de pesquisa e de lavra das jazidas de petróleo e de gás natural (Repetro). *Diário Oficial [da] República Federativa do Brasil*, Brasília, DF, 16 jan. 2001a. Disponível em: <http://www.receita.fazenda.gov.br/legislacao/ins/2001/in0042001.htm>. Acesso em: 28 jan. 2008.

_____. Ministério da Fazenda. Receita Federal. Instrução Normativa SRF nº 5, de 10 de janeiro de 2001. Dispõe sobre a aplicação do regime aduaneiro especial para importação de petróleo bruto e seus derivados, para fins de exportação no mesmo estado em que foram importados (Repex). *Diário Oficial [da] República Federativa do Brasil*, Brasília, DF, 16 jan. 2001b. Disponível em: <http://www.receita.fazenda.gov.

br/legislacao/ins/2001/in0052001.htm>. Acesso em: 28 jan. 2008.

BRASIL. Ministério da Fazenda. Receita Federal. Instrução Normativa SRF nº 38, de 19 de abril de 2001. Dispõe sobre o controle e o trânsito aduaneiro de passagem pelo território nacional de mercadoria destinada a país limítrofe ou dele procedente. *Diário Oficial [da] República Federativa do Brasil*, Brasília, DF, 20 abr. 2001c. Disponível em: <http://www.receita.fazenda.gov.br/legislacao/ins/2001/in0382001.htm>. Acesso em: 25 jan. 2008.

_____. Ministério da Fazenda. Receita Federal. Instrução Normativa SRF nº 121, de 11 de janeiro de 2002. Dispõe sobre a transferência de mercadoria importada e admitida em regime aduaneiro especial ou atípico para outro. *Diário Oficial [da] República Federativa do Brasil*, Brasília, DF, 16 jan. 2002g. Disponível em: <http://www.receita.fazenda.gov.br/legislacao/ins/2002/in1212002.htm>. Acesso em: 28 jan. 2008.

_____. Ministério da Fazenda. Receita Federal. Instrução Normativa nº 248, de 25 de novembro de 2002. Dispõe sobre a aplicação do regime de trânsito aduaneiro. *Diário Oficial [da] República Federativa do Brasil*, Brasília, DF, 27 nov. 2002h. Disponível em: <http://www.receita.fazenda.gov.br/legislacao/ins/2002/in2482002.htm>. Acesso em: 24 jan. 2008.

_____. Ministério da Fazenda. Receita Federal. Instrução Normativa SRF nº 266, de 23 de dezembro de 2002. Dispõe sobre o regime de Depósito Alfandegado Certificado. *Diário Oficial [da] República Federativa do Brasil*, Brasília, DF, 24 dez. 2002i. Disponível em: <http://www.receita.fazenda.gov.br/legislacao/ins/2002/in2662002.htm>. Acesso em: 25 jan. 2008.

_____. Ministério da Fazenda. Receita Federal. Instrução Normativa SRF nº 285, de 14 de janeiro de 2003. Dispõe sobre a aplicação do regime aduaneiro especial de admissão temporária. *Diário Oficial [da] República Federativa do Brasil*, Brasília, DF, 17 jan. 2003a. Disponível em: <http://www.receita.fazenda.gov.br/legislacao/ins/2003/in2852003.htm>. Acesso em: 24 jan. 2008.

_____. Ministério da Fazenda. Receita Federal. Instrução Normativa SRF nº 289, de 27 de janeiro de 2003. Altera a Instrução Normativa SRF nº 241, de 6 de novembro de 2002, que dispõe sobre o regime especial de entreposto aduaneiro na importação e na exportação. Revogada pela IN RFB nº 747, de 14 de junho de 2007. *Diário Oficial [da] República Federativa do Brasil*, Brasília, DF, 28 jan. 2003b. Disponível em: <http://www.receita.fazenda.gov.br/legislacao/Ins/2003/in2892003.htm>. Acesso em: 25 jan. 2008.

BRASIL. Ministério da Fazenda. Receita Federal. Instrução Normativa SRF nº 319, de 4 de abril de 2003. Dispõe sobre a aplicação do regime aduaneiro especial de exportação temporária. *Diário Oficial [da] República Federativa do Brasil*, Brasília, DF, 7 abr. 2003c. Disponível em: <http://www.receita.fazenda.gov.br/legislacao/ins/2003/in3192003.htm>. Acesso em: 25 jan. 2008.

_____. Ministério da Fazenda. Receita Federal. Instrução Normativa SRF nº 386, de 14 de janeiro de 2004. Dispõe sobre o regime aduaneiro de depósito especial. *Diário Oficial [da] República Federativa do Brasil*, Brasília, DF, 15 jan. 2004g. Disponível em: <http://www.receita.fazenda.gov.br/Legislacao/INS/2004/in3862004.htm>. Acesso em: 25 jan. 2008.

_____. Ministério da Fazenda. Receita Federal. Instrução Normativa SRF nº 409, de 19 de março de 2004. Dispõe sobre o regime aduaneiro especial de depósito afiançado operado por empresa de transporte aéreo internacional. *Diário Oficial [da] República Federativa do Brasil*, Brasília, DF, 23 mar. 2004h. Disponível em: <http://www.receita.fazenda.gov.br/legislacao/Ins/2004/in4092004.htm>. Acesso em: 25 jan. 2008.

_____. Ministério da Fazenda. Receita Federal. Instrução Normativa SRF nº 476, de 13 de dezembro de 2004. Dispõe sobre o Despacho Aduaneiro Expresso (Linha Azul). *Diário Oficial [da] República Federativa do Brasil*, Brasília, DF, 15 dez. 2004i. Disponível em: <http://www.receita.fazenda.gov.br/legislacao/ins/2004/in4762004.htm>. Acesso em: 28 jan. 2008.

_____. Ministério da Fazenda. Receita Federal. Instrução Normativa SRF nº 477, de 14 de dezembro de 2004.

Dispõe sobre a habilitação ao Regime Tributário para Incentivo à Modernização e à Ampliação da Estrutura Portuária (Reporto). *Diário Oficial [da] República Federativa do Brasil*, Brasília, DF, 15 dez. 2004j. Disponível em: <http://www.receita.fazenda.gov.br/legislacao/ins/2004/in4772004.htm>. Acesso em: 28 jan. 2008.

BRASIL. Ministério da Fazenda. Receita Federal. Instrução Normativa SRF nº 552, de 28 de junho de 2005. Dispõe sobre o cálculo da Contribuição para o PIS/Pasep – Importação e da Cofins – Importação. *Diário Oficial [da] República Federativa do Brasil*, Brasília, DF, 30 jun. 2005e. Disponível em: <http://www.receita.fazenda.gov.br/legislacao/Ins/2005/in5522005.htm>. Acesso em: 23 jan. 2008.

_____. Ministério da Fazenda. Receita Federal. Instrução Normativa SRF nº 605, de 4 de janeiro de 2006. Dispõe sobre o Regime Especial de Aquisição de Bens de Capital para Empresas Exportadoras (Recap). *Diário Oficial [da] República Federativa do Brasil*, Brasília, DF, 6 jan. 2006b. Disponível em: <http://www.receita.fazenda.gov.br/legislacao/ins/2006/in6052006.htm>. Acesso em: 28 jan. 2008.

_____. Ministério da Fazenda. Receita Federal. Instrução Normativa SRF nº 630, de 15 de março de 2006. Dispõe sobre o Regime Especial de Tributação para a Plataforma de Exportação de Serviços de Tecnologia da Informação (Repes). *Diário Oficial [da] República Federativa do Brasil*, Brasília, DF, 22 mar. 2006c. Disponível em: <http://www.receita.fazenda.gov.br/legislacao/ins/2006/in6302006.htm>. Acesso em: 28 jan. 2008.

_____. Ministério da Fazenda. Receita Federal do Brasil – RFB. Instrução Normativa nº 569, de 19 de setembro de 2005. *Diário Oficial [da] República Federativa do Brasil*, Brasília, DF, 20 set. 2005f. Disponível em: <http://www.mps.gov.br/srp/normas/rfb/in/in569_190905.html>. Acesso em: 24 jan. 2008.

_____. Ministério da Fazenda. Receita Federal. Instrução Normativa RFB nº 757, de 25 de julho de 2007. Dispõe sobre o Regime Aduaneiro Especial de Entreposto Industrial sob Controle Informatizado (Recof). *Diário Oficial*

[da] *República Federativa do Brasil*, Brasília, DF, 26 jul. 2007d. Disponível em: <http://www.receita.fazenda.gov.br/legislacao/ins/2007/in7572007.htm>. Acesso em: 28 jan. 2008.

BRASIL. Ministério da Fazenda. Receita Federal. Regimes Aduaneiros Especiais/ Loja Franca. Portarias. Portaria nº 204, de 22 de agosto de 1996. Estabelece termos e condições para a instalação e o funcionamento de lojas francas no País. *Diário Oficial [da] República Federativa do Brasil*, Brasília, DF, 23 ago. 1996. Disponível em: <http://sijut.fazenda.gov.br/netacgi/nph-brs?sl=P00000020419960 82201$.CHAT.%20E%20MF.ORGA.%20E%2019960823.DDOU.&l=0&p=1&u=/netahtml/sijut/Pesquisa.htm&r=0&f=S&d=SIAT&SECT1=SIATW3brs?sl=P00000020419960 82201$.CHAT.%20E%20MF.ORGA.%20E%2019960823.DDOU.&l=0&p=1&u=/netahtml/sijut/Pesquisa.htm&r=0&f=S&d=SIAT&SECT1=SIATW3>. Acesso em: 25 jan. 2008.

_____. Ministério da Fazenda. Receita Federal. Legislação. Portarias. Portaria MF nº 675, de 22 de dezembro de 1994. Institui o regime de Exportação Temporária para Aperfeiçoamento Passivo. *Diário Oficial [da] República Federativa do Brasil*, Brasília, DF, 23 dez. 1994. Disponível em: <http://www.receita.fazenda.gov.br/Legislacao/Portarias/Ant2001/Ant1997/portmf67594.htm>. Acesso em: 28 jan. 2008.

_____. Ministério do Desenvolvimento, Indústria e Comércio Exterior. Secretaria de Comércio Exterior. Disponível em: <http://www.mdic.gov.br/sitio/>. Acesso em: 24 jan. 2008.

_____. Ministério do Desenvolvimento, Indústria e Comércio Exterior. Banco Nacional de Desenvolvimento Econômico e Social – BNDES. Circular nº 176, de 12 de setembro de 2002h. Redefine os critérios aplicáveis às operações do Programa BNDES – Exim Pós-embarque. Disponível em: <http://www.bndes.gov.br/produtos/download/eximpos/Ctcirc176.PDF>. Acesso em: 28 jan. 2008.

_____. Ministério do Desenvolvimento, Indústria e Comércio Exterior. Banco Nacional de Desenvolvimento Econômico e Social – BNDES. Circular nº 178, de 24 de outubro de 2002i.

Redefine os critérios aplicáveis às operações do Programa BNDES – Exim Pré-embarque Especial. Disponível em: <http://www.bndes.gov.br/produtos/download/eximesp/CtCirc178.pdf>. Acesso em: 28 jan. 2008.

BRASIL. Ministério do Desenvolvimento, Indústria e Comércio Exterior. Banco Nacional de Desenvolvimento Econômico e Social – BNDES. Roteiros e Manuais. Downloads. *Pré-embarque*. Disponível em: <http://www.bndes.gov.br/produtos/exportacao/preemb.asp>. Acesso em: 29 jan. 2008.

_____. Ministério do Desenvolvimento, Indústria e Comércio Exterior. Secretaria de Comércio Exterior. Portaria nº 35, de 24 de novembro de 2006. *Diário Oficial [da] República Federativa do Brasil*, Brasília, DF, 28 nov. 2006e. Disponível em: <http://www.desenvolvimento.gov.br/arquivo/legislacao/portarias/secex/2006/prtsecex35_2006.pdf>. Acesso em: 28 jan. 2008.

_____. Ministério do Desenvolvimento, Indústria e Comércio Exterior. Secretaria de Comércio Exterior. Portaria Secex nº 36, de 22 de novembro de 2007. *Diário Oficial [da] República Federativa do Brasil*, Brasília, DF, 26 nov. 2007b. Disponível em: <http://www.mdic.gov.br/arquivos/dwnl_1196451303.pdf>. Acesso em: 24 jan. 2008.

_____. Ministério do Desenvolvimento, Indústria e Comércio Exterior. Secretaria de Comércio Exterior. Resolução nº 35, de 22 de novembro de 2006f. Disponível em: <http://www.mdic.gov.br/arquivos/dwnl_1197464238.pdf>. Acesso em: 28 jun. 2008.

_____. Ministério do Desenvolvimento, Indústria e Comércio Exterior. Secretaria de Comércio Exterior. *Financiamento às exportações – Pré-Embarque*. Disponível em: <http://www.desenvolvimento.gov.br/arquivo/secex/financiamento/linhasfinanciamentopre.pdf>. Acesso em: 28 jan. 2008a.

_____. Ministério do Desenvolvimento, Indústria e Comércio Exterior. Secretaria de Comércio Exterior. Comércio Exterior. Negociações Internacionais. *Tarifa Externa Comum*. Disponível em: <http://www.desenvolvimento.gov.br/sitio/interna/interna.php?area=5&menu=337>. Acesso em: 23 jan. 2008b.

_____. Ministério do Planejamento,

Orçamento e Gestão. Portal SOF – Secretaria de Orçamento Federal. Portaria nº 232, de 27 de julho de 2007. *Diário Oficial [da] República Federativa do Brasil*, Brasília, DF, 31 maio 2007. Disponível em: <https://www.portalsof.planejamento.gov.br/sof/2007/Portaria_minist_232_de_27072007.pdf>. Acesso em: 28 jan. 2008.

BRASIL. Ministério dos Transportes. Geipot. Instrução Normativa nº 56, de 23 de agosto de 1991. Institui o Manifesto Internacional de Carga Rodoviária/Declaração de Trânsito Aduaneiro – MIC-DTA e estabelece normas para sua emissão e utilização. *Diário Oficial [da] República Federativa do Brasil*, Brasília, DF, 27 ago. 1991. Disponível em: <http://www.geipot.gov.br/download/1991/91-11-InstNorm56.doc>. Acesso em: 24 jan. 2008.

BRITTO, Paulo Augusto de. *Depreciação acelerada e promoção do investimento*: uma análise preliminar. Brasília: Estudos CNI, 2005.

CARRAZZA, Roque Antonio. *Curso de direito constitucional tributário*. 22. ed. São Paulo: Malheiros, 2006.

CARVALHO, Paulo de Barros. *Curso de direito tributário*. 18. ed. São Paulo: Saraiva, 2007.

CATÃO, Marcos André Vinhas. *Regime jurídico dos incentivos fiscais*. Rio de Janeiro: Renovar, 2004.

COÊLHO, Sacha Calmon Navarro. *Teoria geral do tributo, da interpretação e da exoneração tributária*. 3. ed. São Paulo: Dialética, 2003.

DALSTON, Cesar Olivier. *Classificando mercadorias*: uma abordagem didática da ciência. São Paulo: Aduaneiras, 2005a.

_____. *Exceções tarifárias*: ex-tarifário do imposto de importação. São Paulo: Aduaneiras, 2005b.

EDIÇÕES ADUANEIRAS. *Normas administrativas*: importação, drawback e exportação. 2. ed. São Paulo: Aduaneiras, 2007.

FOLLONI, André Parmo. *Tributação sobre o comércio exterior*. São Paulo: Dialética, 2005.

GARCIA, Luiz Martins. *Exportar*: rotinas e procedimentos, incentivos e formação de preços. 8. ed. São Paulo: Aduaneiras, 2004.

GARCIA JÚNIOR, Armando Alvares. *Tributação no comércio internacional*. 2. ed. São Paulo: Aduaneiras, 2005.

LOPEZ, José Manoel Cortiñas. *Exportação brasileira*: a real participação das empresas. São Paulo: Aduaneiras, 2005.

MACEDO, Leonardo Correia Lima. *Direito tributário no comércio internacional*. São Paulo: Aduaneiras, 2005.

MANFRINATO, Paulino. *Imposto de importação*: uma análise do lançamento e fundamentos. São Paulo: Aduaneiras, 2002.

MEIRA, Liziane Angelotti. *Regimes aduaneiros especiais*. São Paulo: IOB, 2002.

MERCOSUL. Portal Oficial. Disponível em: <http://www.mercosur.int/msweb/portal%20intermediario/pt/index.htm>. Acesso em: 24 jan. 2008.

NOTADEZ. Jurisprudência, doutrina, legislação, prática processual. Legislação. Normas recentes. Instrução Normativa SRF nº 747, de 14 de junho de 2007. Estabelece procedimentos simplificados para a reimportação, reexportação e a aplicação dos regimes aduaneiros especiais de admissão e de exportação temporária de recipientes, embalagens, envoltórios, carretéis, separadores, racks, clip locks, termógrafos e outros bens com finalidade semelhante. *Diário Oficial [da] República Federativa do Brasil*, Brasília, DF, 15 jun. 2007. Disponível em: <http://www.notadez.com.br/content/normas.asp?id=41357>. Acesso em: 25 jan. 2008.

REGULAMENTO ADUANEIRO. Marginália. Instruções. Instruções Normativas. Instrução Normativa nº 12, de 25 de janeiro de 1993. Institui o Conhecimento-Carga de Porte Internacional (TIF)/Declaração de Trânsito Aduaneiro (DTA) e estabelece normas para a sua emissão e utilização. Disponível em: <http://www.regulamentoaduaneiro.com.br/demo/indice_instrucoes_normativas.php>. Acesso em: 24 jan. 2008.

ROCHA, Paulo Cesar Alves. *A valoração aduaneira e o comércio internacional*. São Paulo: Aduaneiras, 2003.

SILVA, Cláudio Ferreira da. *Promoção comercial nas exportações*. São Paulo: Lex, 2005.

VIEIRA, Aquiles. *Importação*: práticas, rotinas e procedimentos. São Paulo: Aduaneiras, 2006.

WERNECK, Paulo. Coletânea de Instruções Normativas (Versão

histórica). Jul. 2002. Instrução Normativa SRF nº 30, de 18 de agosto de 1972. Estabelece Normas de Restituição do Valor dos Tributos, sob a Forma de Crédito Fiscal Aplicável às Importações Amparadas pelo Regime de Drawback. Disponível em: <http://www.mercadores.com.br/cons/Drawba-h.doc>. Acesso em: 25 jan. 2008.

WERNECK, Paulo. *Comércio exterior e despacho aduaneiro*. 4. ed. Curitiba: Juruá, 2007a.

_____. *Impostos de importação, de exportação & outros gravames aduaneiros*. São Paulo: Freitas Bastos, 2007b.

Apêndice *Resumo dos principais tributos incidentes sobre o comércio exterior*

	Hipótese de incidência			Conseqüência jurídica			
	Critério material	Critério temporal	Critério espacial	Sujeito ativo	Sujeito passivo	Base de cálculo	Alíquota
Imposto de Importação	Importação de produtos estrangeiros	Registro da DI no Siscomex	Qualquer local do território nacional onde possa ser feito esse registro (ambiente virtual do Siscomex)	União	Importador, destinatário de remessa postal ou adquirente de mercadoria entrepostada	Valor aduaneiro da mercadoria	Varia conforme o produto e o país de origem
IPI	Importação de produtos estrangeiros industrializados	Desembaraço aduaneiro da mercadoria	Repartição aduaneira	União	Importador, destinatário de remessa postal ou adquirente de mercadoria entrepostada	Valor aduaneiro do produto, acrescido do II	Varia conforme o produto (ver Tipi)

(continua)

PIS/Pasep Importação e Cofins Importação	Importação de bem ou serviço estrangeiro	Registro da DI no Siscomex	Ambiente virtual do Siscomex	União	Importador, destinatário de remessa postal ou adquirente de mercadoria entrepostada	Valor aduaneiro do produto, acrescido do valor do ICMS (há discordâncias a respeito)	Como regra, 1,65% para o PIS/Pasep Importação e 7,6% para a Cofins Importação
AFRMM	Contratação de transporte aquaviário a título oneroso	Início da operação de descarregamento em porto brasileiro	Porto no qual atracou o navio usado para o transporte	União	Consignatário da carga transportada	Valor do serviço de transporte, incluídas todas as despesas	25%, 10% ou 40%, conforme o caso
Taxa de Utilização do Siscomex	Utilização do Siscomex	Registro da DI	Ambiente virtual do Siscomex	União	Importador, destinatário de remessa postal ou adquirente de mercadoria entrepostada	A própria DI	R$ 30,00 por cada DI e R$ 10,00 por cada adição de mercadoria na DI

(continua)

(conclusão)

Taxa de Utilização do Mercante	Uso do sistema de controle eletrônico de arrecadação do AFRMM	Registro do AFRMM, para fins de recolhimento	Ambiente virtual do Mercante	União	Consignatário da carga transportada	Conhecimento de embarque	R$ 50,00 por conhecimento de embarque
ICMS	Importação de qualquer bem estrangeiro	Registro da DI no Siscomex	Ambiente virtual do Siscomex	Estado onde está o importador do bem	Importador	Valor da mercadoria importada, acrescido de quaisquer outros impostos, taxas, contribuições e despesas aduaneiras incidentes, além do próprio ICMS	Varia conforme o produto e conforme o estado que tributa
Imposto de Exportação	Exportação de produtos nacionais ou estrangeiros	Registro da DE no Siscomex	Ambiente virtual do Siscomex	União	Pessoa que promova a saída de produtos do território nacional	Em regra, o preço FOB da mercadoria	30%, no máximo

esta obra foi impressa no outono de 2008, pela Serzegraf, utilizando como suporte o papel offset 75 g/m².